監督の器

野村克也
NOMURA, Katsuya

JN264119

イースト新書

002

はじめに

プロ野球は人気商売である。

選手は無論、指揮官である監督も昨今、観客動員の減少を回復させる一環からか、「人気」と「タレント性」、または「派閥」から派生するオーナーや球団との「人脈」を重視した起用が見受けられるようになった。これは球界の人材難を象徴する根本問題だ。その人物の能力や野球観、実績の評価が、二の次になってはいないか。

二〇一一年シーズン限りで、あの落合博満が中日ドラゴンズ監督を解任になったことが象徴している。八年間の監督在任中、日本一（一回）を含め、Aクラスを死守し続けた監督がなぜ、辞めなければならなかったのか。おもな理由は、観客動員の低迷と球団経営上のコストパフォーマンス、地元財界人との関係性などが報じられたが、後任の高木守道監督になって、観客動員が増えたという話は聞かない。

人気とは何かを考えたとき、私は、交流のあった上方の喜劇役者・藤山寛美さんの言葉を思い起こす。藤山さんは私より六歳年上なのだが、なぜかいつも私のことを「兄貴」と呼ばれていた。

「兄貴、〝人気〟ってどう書きます？　〝人の気〟と書くでしょう。人の気を掴む、人の気を動かすのは大変なことですよ。〝自分の気〟と書いて、人気と読むなら、簡単なことなんですけどね」

とおっしゃられたことが忘れられない。

「なるほどな」と私は得心した。

その意味で、私が真の「人気」に値すると評価する野球人は、王貞治と長嶋茂雄だけである。現役時代、六〇〇号本塁打をはじめ、どんなにふたりの記録に挑んでも、人気の点では王、長嶋に敵わなかった。どんなに記録を残しても閑古鳥が鳴くパ・リーグでは新聞の一面に載ることはなかった。王が六〇〇号本塁打を達成した際は、一面はおろか号外が配られた。

一方で、巨人V9時代の王、長嶋が果たした役割で最も評価するのは、中心選手として自軍の選手の鑑《かがみ》であり続けたことと同時に、「一流が一流を育てる」と言われるとおり村山実、江夏豊、平松政次など敵軍のライバル投手を真のエースにレベルアップさせたことだ。

私の場合は、西鉄ライオンズのエース鉄腕・稲尾和久との騙《だま》し合《あ》いの心理戦が打者として、捕手としての私のレベルを引き上げたことは間違いない。

彼らに共通するのは、人気に値する数字だけではない、チームや他者への好影響の大きさである。それが真の人気者といえよう。

「欲から入っていかに欲から離れるか」

これこそが勝負の要諦だ、というのが私の持論である。

私は監督として南海、ヤクルト、阪神、楽天の四つのチームで指揮を執らせてもらった。四つの球団にはそれぞれ特徴があったが、共通しているのは弱いチームだったということだ。私が監督になる前の年はヤクルト以外、みな最下位だった。名将・川上哲治さんが述べられたように、「監督交代は危機の時」だが、それにしても最下位のチームばかりを引き受けるとは、我ながら貧乏性というか、ひとつの宿命かとも思う。

私が今、懸念するのは、能力をきちんと評価しない球界の姿勢だ。プロ野球界は、能力主義を取らないとほんとうにダメになってしまう。冷静に監督としてコーチとしての能力を査定せず、情実や仲良し人事で組閣をしてうまくいかないことは、政財界にも共通するテーマではないか。

正直、中畑清や栗山英樹が監督になる時代がやってくるとは想像できなかった。どんなに有能な名監督であろうが、一〇〇パーセント正しい人間は存在しない。間違った考え、悪癖、当然、欠点を持っている。それを冷静な目で見て直言、進言するのがヘッドコーチの役割である。言うべきことは必ず言うべきなのである。保身に走ってはならない。皆、「これを言ったら嫌われるのではないか」と遠慮しがちだが、これがやがて「派閥」を生み、チームや組織を崩壊させる要因となる。

「遠慮は絶対にいかん！　お前たちには、決定権はないが発言権はある」

私は楽天監督在任中、コーチ陣のスタッフミーティングにおいては、打撃コーチに投手について分析した発言をさせ、投手コーチに打者について分析した発言機会を自由に与えた。「打者から見た投手陣」、「投手から見た打撃陣」という観点で議論をしないと絶対に発展的な視野が広がらないからである。

楽天の監督を退いてから四年経つが、野球界はますます目前の結果を求める空気が強まっている。それもできるだけ早く欲を満たそうという風潮が強い。チームを強化するのも観客動員を増やすのも一朝一夕でできることではない。ともかくすぐに結果を求めすぎる。人気取りに走りすぎる。そうした傾向に警鐘を鳴らしつつ、本書では私の体験的野球論を通じて、優れた組織、優秀なリーダー、監督の器とは何かをあらためて考えてみたい。

二〇一三年五月

野村克也

監督の器　目次

第三章　中心なき組織は機能しない　119

第四章　知略と知略の心理戦　143

第六章　監督は「気づかせ屋」である　209

校閲：鷗来堂

写真：沢渡朔
構成：阿部珠樹

第一章

名将は不要か

WBC最大の敗因

私が生まれた一九三五（昭和一〇）年は日本プロ野球の夜明けの年だった。前年の暮れに結成された読売巨人軍の前身、大日本東京野球倶楽部がアメリカ遠征に出発したのだ。一〇〇試合を超える長期遠征でもまれた巨人を筆頭に、翌年には他の球団も創設されてリーグ戦がはじまった。

私の歩んできた道とプロ野球の歩んできた道は、ほぼぴったり重なる。それも何かの因縁だろうか。

私自身のプロ野球との関わりもいつの間にか六〇年に近づいた。さまざまな時代の移り変わり、変化があったが、最近、つくづく感じるのは、各界に共通する人材不足の問題だ。選手はともかく、指導者、指揮官に実績、能力、胆力、風格、優れた野球観の備わった人材が見当たらない。監督の「人材難時代」といってよい。

それを如実に示したのが、今年の春に開かれた第三回のWBC（ワールド・ベースボール・クラシック）だろう。三連覇を期待されたサムライジャパンは、決勝ラウンドに進出はしたものの、準決勝でプエルトリコに敗れ、決勝進出を逃した。

大会が終わると、さまざまな敗因が取り沙汰された。イチローやダルビッシュ有をはじめメジャーリーグに在籍する選手がひとりも参加しなかったこと、選手が大会の使用球に慣れていなかったこと、準決勝での寒さや風の強さ、果てはコーチや選手の大会中の素行までが槍玉に挙がった。

そうしたことが全く関係ないとはいわない。だが、私がいちばん強く感じたのはベンチワークの問題、つまり、監督采配の問題だった。

準決勝の敗戦ばかりが話題になったが、私はそれまでの一次ラウンド、二次ラウンドの戦いぶりにも危なっかしいものを感じていた。

一次ラウンドでは格下と思われたブラジル、中国に苦戦し、キューバには完敗した。江本孟紀などは、中国戦は10－0で勝利しなければならない相手だと予想していた。二次ラウンドでも台湾には土俵際まで押し込まれた。台湾との試合を「名勝負」などという人もいるが、前回は中国にも敗れた台湾、日本で活躍の場がなくなった選手がエース級の活躍ができるレベルの国にあれだけ苦しめられるのは戦い方に問題があったからだ。備えあれば憂いなし、戦う前の準備ができていなかった。

大きな舞台、国際舞台になると勝負を分けるのは目と頭だ。目の付け所、頭の使い方が勝負のカギを握る。野球で目と頭の役目を担うのは監督とコーチである。煎じ詰めれば監督の采配ということになってくる。

今回のWBCを見ていて私が気になったのは、やはりベンチワークの問題だ。準決勝の八回、一点を返したあと、走者一、二塁のときのダブルスチールは物議をかもした。結論からいえば、あの場面のダブルスチールには大いに疑問がある。あの場面で重盗を強制するサインはまずない、と見るべきだ。相手投手に明らかな癖がある、クイックモーションが遅いなど「一〇〇パーセントの確信」がなければならない。セカンドランナーの井端弘和がストップしたことから見ても、サインは強制ではない。プレーだけ見れば、セカンドランナーの動きを確認しなかったファーストランナーの内川聖一のミスに映るが、根本原因は別にある。

走者ふたりには「行けたら行け」という曖昧なサインだったそうだが、あの重要な場面で、ベンチが「この一球」と判断して盗塁させるのならまだしも、走者に判断を任せるのはいかにもベンチの指示が無責任だ。

「負ければ終わり」の国際試合こそ、小事が大事を生む。一つのミスが決定的な敗因になる。私が疑問に思ったのは、準決勝を前に日本チームはアリゾナで練習試合を行ったが、本番の打順や投手の登板順を決める〝テスト〟の側面が強かったことだ。決戦中に〝テスト〟をすれば、個人の技術レベルを磨くことにのみ専心し、野球の本質である団体競技の意味、チームプレーの意味が薄くなってしまう。

先のダブルスチールに話を戻せば、打席に入っていたのはキャプテンで四番、捕手の阿部慎之助だった。山本浩二代表監督が「この男と心中」とまで言っていた、最も信頼を置く選手である。その選手の打席にダブルスチールというギャンブルに出るのは、私には理解できない。仮にダブルスチールがうまくいっていても阿部のプライドは大きく傷ついただろう。

しかし、あのダブルスチールだけが敗因の全てではない。準決勝敗退という最終結果は、すでに日本ラウンドのときからある程度予測できた。

大会が始まって感じたのは、山本浩二監督がパ・リーグの試合をあまり見ていないのではないかということだった。機動力を使うといいながら、パ・リーグ盗塁王の楽天・聖沢諒《ひじりさわりょう》をメンバーから外していた。走力のあるソフトバンクの本多雄一を入れてはいたが、ほとんどベンチに置いたきりだった。

本多などは敵に回したら最も嫌な選手のひとりだ。走塁のセンスはすばらしいものを持っている。聖沢の他にセ・リーグの盗塁王の中日・大島洋平は故障もあってメンバーから外れたので、足のスペシャリストといえるのは本多だけだった。その選手をほとんど使わなかった。この采配にも疑問符がつく。

準決勝のプエルトリコ戦で、ダブルスチールのとき、本多を代走で入れていたら、結果は違っていたかもしれない。

私はＩＤ野球の提唱者だが、日本チームは対戦経験の少ない大舞台こそ、臨機応変に正攻法と奇策を組み合わせた采配をすべきだったと思う。日本チームはデータを重視しすぎたきらいがある。データとは、知らないより知っていた方がいい参考資料だ。「国際試合ではデータ絶対信仰であってはならない」と、私は一次ラウンドから提言してきた。

日本ラウンドの試合は接戦が多く、名采配といえるようなものは見られなかった。

台湾戦で同点に追いつくチャンスを作った鳥谷敬の盗塁にしても、鳥谷はよく走ったが、幸運に恵まれた部分も大きかった。なんとか勝ち抜けたのは、投手かところどころで点をとられながらも、要所は抑えたことが大きい。我慢、我慢で凌いでいって、後半逆転するという試合運びがつづき、選手のイライラも相当たまっていたのではないか。詰まるところ、山本浩二監督がどういった野球を展開したいのか、明確にその野球観が選手に伝わっていなかった。それが、WBC準決勝敗退の最大の要因のように思う。

外野手出身監督に名監督なし

今回のWBC山本浩二代表監督は外野手出身である。七七年の長いプロ野球の歴史の中で、外野手出身の監督が日本一になったことはわずか二回しかない。二〇〇一年のヤクルト若松勉監督と二〇一一年のソフトバンク秋山幸二監督である。

山本浩二は広島の監督として、一九九一年にリーグ優勝をしたことがあったが、このときは日本シリーズで森祇晶の西武に三勝四敗で敗れた。その後も広島の監督をやっていたが、日本一になった実績はない。私は同じセ・リーグのヤクルト監督として、山本浩二率いる広島と対戦したが、特に印象に残る試合、采配は感じなかった。

彼は選手としての成績は見事だった。打撃三部門のタイトルを全て獲得したし、守備範囲も広く、若い頃は俊足で肩もよかった。古葉竹識《こばたけし》監督時代の広島の黄金時代は、山本や衣笠祥雄、リリーフエースの江夏豊の存在なくしてはありえなかった。

しかし、外野手として優れた選手であることは、必ずしも監督の適性にはならない。

野球のグラウンドをじっくり眺めて欲しい。プレーの大半は、マウンドとダイヤモンドの周辺の内野で行われ、外野が関わることは少ない。外野手というのは、野球の本質からずいぶん離れたところに守備位置があるのだ。

草野球などでも、あまりうまくない選手は「ライトでも守っておけ」などという。守備においては考えることがほとんどない。大事な場面の守備位置は、ベンチから指示が出る。だから、思考の大半は自分の打撃だけということになる。

現役時代、パ・リーグで対戦した張本勲などはその典型であった。「おーい、おまえが捕れ」とレフトの守備位置から動かず、やたらセンターに声をかける。守備には全くと言っていいほど、興味を示さなかった。

人間は誰しも習慣的要素を持っている。考えてプレーすることも習慣のひとつである。監督は考えたプレーをさせるための習慣を身につけさせるのにあれこれ苦労する。ところが、外野手は考えるといっても、守備のときは半分参加していないようなものだから、なかなか野球を深く、細かく考える習慣が身につかない。そういう中で選手生活を続けてきた外野手が、監督に向くかどうかは誰でも想像がつくだろう。

WBCを見ていて、私は山本監督には大変失礼だが、「外野手出身監督に名監督なし」の持論が間違っていないことをあらためて感じた。

だが、例外があるではないかという人もいるだろう。若松勉と秋山幸二は外野手出身だが日本一になった。もちろん本人の努力は大きい。しかし、私はこのふたりには特殊な条件が備わっていたと考えている。

若松は私がヤクルトの監督時代、コーチとして傍で采配を眺めさせた。ヤクルトのフロントは生え抜きのスター選手だった若松を将来の監督にするつもりで、私に託したのだ。どれくらいの影響を受けたか、無口な彼ははっきりとは言わないが、ID野球を受け継いだ作戦やベンチでの指揮ぶりには「ああ、私のやり方をよく見ていたな」と感じさせるものがあった。

秋山は西武ライオンズの選手時代、球界を代表する広岡達朗、森祇晶というふたりの名監督の下でプレーした。特に、若いころ日本一を重ねた戦略家タイプのふたりの監督の下でプレーした経験は大きい。

これも私の持論だが、監督というのは、自分が二〇代にその下でプレーした監督の影響を強く受けるものだ。

私の場合でいえば、選手に厳しく当たる南海ホークス鶴岡一人監督の影響をどこかで受けている。秋山は組織管理に厳しい広岡さんと、V9川上哲治監督の愛弟子である森という有数の教師に恵まれ、知らず知らずのうちにその影響を受けていたと考えられる。若松と秋山、このふたりのようなケースはあくまでも稀《まれ》である。

間違いだらけのWBC代表監督選考

山本浩二WBC代表監督は北京オリンピックの際、星野仙一代表監督の下でコーチを務めた。私は星野の監督としての能力を評価しており、阪神を退任するときは、「怖さ」と「政治力」を駆使する、選手に厳しい星野を後任監督に推薦したほどだが、北京オリンピックのコーチ編成には苦言を呈した。大学時代から仲のいい山本浩二、田淵幸一をコーチにした「お友達内閣」では、国際大会の短期決戦を勝ち抜くのはむずかしいと考えたからだ。案の定、「金メダルが絶対命令」などといっていた北京は大惨敗で、大きなバッシングを受けた。

だが、山本浩二は北京オリンピックの敗戦をあまり教訓とはとらえていなかったようだ。今回のWBCでは野手は梨田昌孝、投手は東尾修という年齢の近い監督経験者をコーチにしてチームをまとめようとした。しかし、ふたりとも監督経験者で、現場を細部にわたって見て歩くタイプではない。つまり、監督が三人いるようなもので、責任の所在も曖昧になった。競艇に行っていたとか、毎晩酒盛りをしていたといった批判があとから噴出したが、コーチ陣の編成の時点で、そうした乱れもある程度予想できたのである。

今回の代表監督選びに関しても、ずいぶん揉めた。なかなか引き受け手がない中で引き受けた山本浩二には評価すべき点や同情すべき点もある。しかし、彼が日本テレビ系の解説者で巨人と関係が深く、WBCは読売新聞系列のメディアが大きな影響力を持っていることを考えると、「人脈」で代表監督に選ばれた背景が容易に想像できる。

WBCの監督については、私にも苦い思い出がある。二〇〇九年大会の代表監督を誰にするかについて体制検討会議なるものが作られたことがあった。コミッショナーとそのアドバイザーであるソフトバンク球団会長・王貞治の諮問機関のようなものだった。

なぜかそこに私も呼ばれ、意見を聞かれた。メンバーは私のほかに、高田繁、星野仙一、野村謙二郎がいた。本来なら第二回大会の監督は星野仙一が最有力だった。だが、先の北京オリンピックでの惨敗でバッシングを受け、星野の就任は世論の支持が得られなくなっていた。星野自身も固辞をした。

私はその時、「これは自分に声がかかるかな」と考えた。ありがたいことにメディアによるファンのアンケートでは私が最も支持を集めていたし、この人物が最適と考えていた中日ドラゴンズ監督（当時）の落合博満は、王が「落合はダメだ」の一言で斬り捨てていたからだ。会議の流れの中では私を頭に描いていた出席者もいたようだ。ところが誰も発言しない。その雰囲気を察した私は首をかしげながら手洗いに立って戻ってくると、王が間髪を容《い》れず声をかけた。

「ノムさん、やらないでしょ」

席に戻るなり、いきなりそう言われたら「いや、やらせてもらう」とは言えない。その時、私は最初から〝他の誰かにすること〟があらかじめ決まっていたのだと理解した。

「出来レースだ」

会議のあと、そんなコメントをメディアにしたのを覚えている。結局、代表監督は巨人の原辰徳に決まっていたのである。

私は原の手腕を批判しているのではない。ただ、こんな御用会議みたいな決め方で重要な国際大会の代表監督を決めることが許せなかったのだ。みんなが腹を割って議論し、この人物こそ日本代表チームの監督だと納得して決まるのならいいが、どこかの誰かがあらかじめ人選しておいて、あとは権威付けのために、私や星野の名前を借りるというのでは、監督という仕事をないがしろにしているとさえ言える。そのことに腹が立ったのだ。

今回の山本浩二代表監督決定に至るまでの過程を見ても、ファンの間では、日本一を含め八年間Aクラスを死守しながら、中日監督を解任された落合博満の手腕に期待する声が圧倒的だった。実力、実績から見ても「落合ジャパン」を観てみたいというファン心理は理解できる。現役監督では、巨人の原監督、王の後継者であるソフトバンクの秋山監督が固辞したことで、「代表監督は現役監督以外で」という流れが形成された。私から見れば、初めからそうしたシナリオがあったのではないか、とも考えられる。同じようなことが繰り返されているのだ。

代表チームの監督が、特定のメディアや企業の都合、関係者の思惑などで決まるのが健全なことなのか。結果が悪かったから批判するのではない。あらためて代表監督選考の時点に戻って、その選考基準を考えるべきだ。

栗山で大丈夫か？

ＷＢＣの監督に限らず、最近はどういう基準でプロ野球監督を選んでいるのだろうと首を傾げたくなることが多々ある。

北海道日本ハムは昨年、評論家の栗山英樹を監督に据えた。私は栗山の監督就任の話を聞いたとき、正直言って「えっ、栗山で大丈夫か？」と思った。彼は監督どころかコーチの経験すらない。評論家としては熱心に試合を見ていたようだが、現場からは二〇年以上離れている。ただ、私も九年間現場を離れ、評論家生活をして得るものは少なくなかった。彼もそうした勉強を重ねていれば、キャリアのあるなしはカバーできるかもしれない。評論家時代、ネット裏から目先の勝敗関係なしに冷静に野球を観察する経験は重要だ。ベンチとは一八〇度、野球が違って映ることもある。

しかし、私が気がかりだったのは、彼の就任がオーナーサイドやフロントとの人間関係の深さによるという話を耳にしたからだ。正確なところは知らないが、そうした「情実」で決まった人事なら、連覇などのいい結果を続けるのはむずかしい。

栗山は現役時代、ヤクルトで一年だけ私の下でプレーした経験がある。監督就任一年目の私は、アットホームでぬるま湯体質につかっていたヤクルトを変革するために、米国ユマキャンプで毎日一時間、ミーティングを通じて私の野球観、哲学を叩き込んだ。そのときの体験を参考にしてくれればと期待したが、彼の言葉を聞く限り、それはなさそうだった。野村の「ノ」の字も出てこない。

彼は尊敬する監督として、長嶋茂雄や戦後の知将、三原脩《みはらおさむ》さんの名前を挙げていた。私の影響はないと言いたかったのだろう。しかし、長嶋はともかく、一度も監督をしている姿を見たことのない、話をしたこともない三原さんの名前を尊敬する監督として挙げていたのは私には理解できなかった。三原さんが宿敵巨人を破り、三年連続日本一に輝いた、西鉄ライオンズ監督として活躍された一九五〇年代、栗山はまだ生まれていなかったはずだ。

栗山は日本ハム監督就任一年目でリーグ優勝を果たした。見事な成績といえるが、監督としての評価はこれからだ。一年目を見る限り、味方の選手を徹底して褒《ほ》めるという点では、三原さんに共通のものがある。三原、仰木彬《おおぎあきら》の系譜につながる「情感」で選手を動かすタイプの監督なのかもしれない。

名選手、必ずしも名監督ならず

今は誰が監督になっても二年契約、三年契約で、よい結果が出なければ、その前に解任されるケースも多い。契約の期間が短いと、監督はどうしても保身に走る。オーナーや社長、フロントのご機嫌ばかりを伺い、チームを根本から変革しようとか、じっくり後継者を育ててチームを引き渡そうといった考えには至らない。こうした傾向が、「監督の人材不足」に拍車をかけている。監督の賞味期限が短すぎるのだ。

名監督はその在任期間が長い。南海の鶴岡監督は二三年、巨人V9の川上監督が一四年、西鉄の三原監督が九年、私と同世代の森祇晶は西武の監督を九年、阪急（オリックス時代を含む）監督の上田利治は一五年、広島の古葉竹識は一一年、長嶋茂雄は巨人監督を計一五年、王貞治は巨人監督を五年続けた後、ソフトバンク（ダイエー時代を含む）監督を一四年務め、それぞれ日本一の栄冠を複数回獲っている。私も監督として最も成果を挙げたのは在任期間が最も長かったヤクルト監督時代の九年間だった。チーム改革、ましてや常勝軍団の組織作りにはそれだけの時間を要する。

監督、リーダーとは、ただ数字を残せばいい、というものでは決してない。

「組織はリーダーの力量以上には、伸びない」

これは私が講演などでよく話すリーダー哲学、信条だ。チームは監督の力量以上には伸びないし、監督の器より大きくなることはない。

では「器」とはなんだろう。人望、信頼、度量、貫禄、威厳といった人格的要素はもちろんだが、他に、的確な表現力も求められる。人間社会は言葉だ。選手に指針を的確な言葉で示すことができるか否かは、監督の「器」の大きさを測る大事な目安だ。野球に関する知識と理論を持ち、戦略、戦術に長けていることは当然だ。

要素がたくさんありすぎるようにも思えるが、全部備わっている人はなかなかいない。私などは最初にあげた人望という点では敵もいれば、味方もいて問題なしとは言えなかったが、それでもなんとか長く監督を任せてもらったのは、欠点はあっても選手やフロントから一定の信頼を得ることができたからだろう。

「信は万物の基をなす」

監督の器をはかるさまざまな要素の中で、やはり最も肝要なのは信頼、周囲から寄せられる信用ではないだろうか。

監督には「信」が重要だとあらためて感じたのは、古田敦也の監督としての仕事ぶりを見たときだ。

古田は自他共に認めるヤクルトの監督候補だった。古田は私のあと、若松勉をはさんで監督になったが、驚いたのはプレーイングマネージャー（選手兼任監督）として就任したことだった。私は古田の選手兼任監督について問われ、賛成できないというコメントをした。自分がプレーイングマネージャーを経験したのに、なぜ古田に反対するのかという見方もあるだろう。しかし私が就任した時代と比べると、現代野球は格段に複雑怪奇に進歩している。その中で選手兼任は容易ではない。

ヘッドコーチに投手出身の伊東昭光を置いたのも失敗だった。投手コーチは専門職であり、投手村の村長のようなものだ。チーム全体を見て、監督を戦略的にサポートし、監督に直言できる参謀役には適さない。私の場合はシンキングベースボールの伝道者である内野手出身のドン・ブレイザーをヘッドコーチに置いて、ずいぶん助けられたが、古田にはそういう存在がいなかった。

そのため、古田が選手兼任監督として成功するのはむずかしいのではないかと懸念したのだ。

しかし、そうした適材適所の人材配置以上に古田が苦労したのは、彼が選手からの十分な「信」を得られなかったからではないか。私は監督として選手とは一定の距離を置き、選手同士の人間関係や日常的な付き合いなどはあえて気にかけないようにしていた。これは私が選手時代、鶴岡監督に大いに距離を置かれていたことも影響しているかもしれない。

あとで聞いてみると、古田は後輩などには少し距離を置かれていたようだ。むしろ選手の間で信頼や人望があったのは広沢克己や池山隆寛といった選手のほうだった。

そのあたりを見抜けなかったのは自分ながら情けないが、野球に関する知識や大胆な勝負度胸など優れた資質も持っていたにもかかわらず、古田が監督として期待通りの成功を収めることができなかったのは、根本的にリーダーとしての「信」が不足していたからだ。

古田がヤクルト監督に就任して最も驚いたことは、私が野球漬けの日々を選手たちに送らせるために徹底教育の場とした、米国ユマキャンプを取り止めると宣言したことだ。「遊ぶ所のないユマでは選手たちが可哀想だ」というのが表向きの理由だった。

「これはアカン！」と私は直感した。要するに、自分が遊びたいのではないか。監督就任早々、そのような甘い考えをリーダーは絶対表明してはならない。他者を追い込むには、「先ず隗《まかい》より始めよ」である。その姿勢を選手、コーチたちは見ている。

もっとも、ただ後輩から慕《した》われていれば監督が務まる甘い代物でもない。池山や広沢は後輩からは慕われたが、今のところ、監督にしようという声があがってくる気配はない。何が足りないのかは今後の研鑽《けんさん》だろうが、「信」だけで務まらないのもまた監督業というもののむずかしさである。

名将の威厳

私がプロに入った一九五〇年代は、プロ野球の三大監督と呼ばれる人たちがいた。南海の鶴岡一人、西鉄の三原脩、巨人の水原茂の三人の監督だ。

大先輩の御三方はみな強烈な個性を持っていた。あまり似たところはなかった。お互い尊敬はしていただろうが、ライバル意識も強かった。われこそが日本一の名監督という気持ちが強かったのではないだろうか。

私は根性野球の権化、南海ホークスを二三年間にわたって率いた当時のパ・リーグのドン、鶴岡監督の下でレギュラーになり、戦後初の三冠王を獲った。恩人、恩師ではあるが、苦い思いを味わったことの方が多い。

鶴岡さんはとにかく選手に厳しく当たる監督だった。選手を褒《ほ》める場面は見たことがない。唯一の例外はエースの杉浦忠で、杉浦にだけは登板過多になると、「スギ、肩は大丈夫か。悪いが行ってくれるか」と、肩を抱かんばかりに頼み込んでいた。

捕手の私は完全な「叱《しか》られ役」で、容赦なく罵声を浴びせられた。

変化球のサインを出して投手が打たれる。ベンチに戻ると、鶴岡さんが配球を聞く。

「何を投げさせたんや」

「カーブです」

するとたちどころに「バカタレ」の声が飛んでくる。「そうか、あの打者にはカーブは禁物なのか」と思って、次の打席でストレートを投げさせるとまた打たれる。

「何を投げさせたんや」

「まっすぐです」

「バカタレ」

まるで冗談みたいなやり取りがしょっちゅうだった。これではどの球種をどのコースに投げさせたらいいかわからなくなる。結局、自分で考え抜き、打者分析を徹底研究して最善の配球を選び出すしか叱られずに済む方法はない、と開き直って、監督の厳しい言葉にも耐えられるようになった。

疑問を感じることの多かった鶴岡監督だが、やはり私は鶴岡さんの影響をいちばん受けているように思う。鶴岡さんは精神野球一辺倒に思われているが、日本で最初に「尾張メモ」で知られる元毎日新聞記者の尾張久次さんを抜擢し、スコアラー制度を導入したり、スカウティングを充実させた監督でもあった。立教大学時代の長嶋茂雄獲得にも積極的に動いたことは広く知られている。

選手に厳しく接する点や情報を重視する野球観を私も知らず知らずのうちに影響を受けているように思う。

一方で鶴岡監督は、チーム内外に鶴岡派閥をつくり、「親分」と呼ばれた。親しみと恐れが入り混じったニックネームだ。良くも悪くも鶴岡さんの率いた南海ホークスは「鶴岡一家」だった。

鶴岡さんは、監督退任後もNHK解説者となり、球界への影響力は絶対的だった。後任監督選びも鶴岡さんの〝鶴の一声〟で選ばれていた側面は否定できない。

何を隠そう、一九七七年秋、成績はリーグ二位であったにもかかわらず、私が南海ホークスのプレーイングマネージャーを解任された一因は、鶴岡さんの意に沿わない人事、用兵を断行していたからだろう。

その鶴岡さんとパ・リーグでしのぎを削ったのが西鉄ライオンズの三原脩さんだ。三原さんは巨人の監督を追われて新天地の九州に赴き、弱かった西鉄を常勝軍団に変貌させ、日本シリーズで宿敵・巨人を相手に三連覇した。自身の歩みも「三原マジック」と呼ばれた試合運びも劇的なものが多かったので、未だに評価が高い。

三原さんは鶴岡さんと正反対で、選手を徹底して褒める監督だった。「野武士軍団」と言われた、中西太、豊田泰光、稲尾和久といったアクの強いチームのスター選手をとにかく褒めて気持ちよくプレーさせることを心がけているようだった。

私は三原さんがエースの稲尾を高級料亭に連れて行くという話を聞いて驚いたことがある。鶴岡さんから毎日「バカタレ」と叱られ続けていた私には想像もできないことであった。選手の情感に訴え、個性や自主性を重んじて、のびのび野球をやらせ、作戦面では新人や調子のいい選手を起用し、奇策を多用するのが三原さんの監督采配だった。

その一方で、相手選手には見下したような態度を取ることがよくあった。私は現役時代、球場の入り口で会ったとき、あいさつをすると、露骨にそっぽを向かれた記憶がある。

三原さんは敵の心理を読むことに自信を持っていたようだ。今でいう情報戦も心がけていた節がある。パ・リーグの天王山となる試合で、私の容貌を野次ってイライラさせようとしたこともあった。

「南海に勝つにはまず、野村のあの顔をブタの腐ったような顔にすれば、こちらの勝ちだ」

酷いことを言うなと思ったものである。名将の陽動作戦にしては品がなさすぎると思った。

三原さんは投手を一度ほかの守備位置につかせ、苦手な打者を避けてまたマウンドに戻すといった奇策も得意な人だった。近鉄、ヤクルトの監督時代には永淵洋三（近鉄）、外山義明（ヤクルト）の二選手に、北海道日本ハムの大谷翔平の登場で今話題になっている投手と野手の二刀流を試みたこともある。永淵は翌年首位打者を獲得する。

戦後の名将も、必ずしも人間的に尊敬できるとは言い難いが、人心の掌握や用兵などでは知将と呼ばれるにふさわしい監督だった。

三大監督のひとり、水原茂さんは現在、あまり注目されることがないが、ダンディな紳士で、戦後の巨人の黄金時代を築いた功労者だ。若い頃は田中絹代さんとのロマンスが噂されるほどスマートな慶応ボーイで、ユニフォームの着こなしも見事だった。私生活ではいつも高級そうなソフト帽を被っていたのが印象に残る。

進取の気風にも富んでいて、日本で初めてブロックサインを使ったことで知られている。左投手には右打者を、右投手には左打者をずらりと並べるツープラトン打線、さらにワンポイントリリーフを最初に試みたのも水原さんだ。一九五五年の南海との日本シリーズで第二戦から三敗して追い込まれると、メンバーをガラッと若手に切り替えて巻き返し、逆転日本一になったこともあった。巨人監督を十一年間務め、八度のリーグ優勝を飾り、四度日本一に輝かれている。

球界の盟主でスターぞろいの巨人軍だけでなく、当時は暴れん坊ぞろいのパ・リーグの東映フライヤーズ監督に就任して優勝させたのも、球界の紳士の威厳のなせる業だったろう。

三人の監督はみなタイプが違うが、独特のやり方で選手の「信」を得て、威厳を持ってチームを率いていた。

「おい哲！ 江夏を潰す気か！」

三大監督のあとの時代に登場するのが巨人V9の監督、川上哲治さんだが、その前に、ひとり名前を挙げておきたい名監督がいる。三大監督の先輩に当たる藤本定義さんだ。藤本さんは巨人の初代監督で、第一期の黄金時代を築いたあと、いくつかの球団で監督を歴任し、最後は阪神の監督を務められた。投手出身だったので先発ローテーションを確立され、村山実、小山正明の両エースを軸にジーン・バッキーの活躍があり、阪神では二度のリーグ優勝を果たしている。

私はリーグも異なり、一九六四年の日本シリーズで対戦しただけで、それほど記憶に残る試合の経験はないが、江夏豊が心服していて、よく藤本さんの話を聞かされた。

「今の自分があるのは、じいさんのおかげ」

江夏は、藤本さんのことを〝じいさん〟と呼んで慕っていた。

江夏の話によると、監督晩年に差し掛かっていた藤本さんは、新人の江夏を孫のように可愛がり、よく宿舎に呼んで話をしたという。肩を痛め巨人から冷遇されていた沢村栄治さんを親身になって世話し、国籍の違いからチームメイトに苛《いじ》められていたスタルヒンを常にかばった人格者でもあった。

あの江夏が心酔するには訳がある。一九六七年のオールスター戦において、セ・リーグの巨人・川上哲治監督は、阪神の若きエース江夏を三連投させた。本人は気にしていなかったが、オールスター明けの巨人・阪神戦の試合前、藤本さんは川上さんに向かって、「おい哲！ ウチの財産の豊を潰す気か！」と激高した。かつての教え子とはいえ、川上さんは直立不動で藤本さんの話を聞いていたという。天下の名監督を直立不動にさせた藤本さんの威厳に、江夏は衝撃を受けたという。

阪神はスター選手にタニマチと呼ばれる後援者がついていて、派閥争いをする独特の伝統があり、江夏の前の村山実、小山正明といったエースたちも、それぞれ一国一城の主を自認していた。つまり、阪神は伝統的にまとめるのがむずかしいチームだったのだ。そういうわがままで自由奔放なチームをまとめて、リーグ優勝に導いたのは、選手が藤本さんに心服していたからだろう。江夏だけでなく、大投手のスタルヒンも藤本さんを父親のように慕っていたそうだし、あの個性の強い元巨人の青田昇さんも藤本さんの下では、何も文句も言わずに打撃コーチを務めていた。人望でチームを率いた監督として、忘れてはならない名将だと思う。

真の名将・川上哲治

さて、いよいよ川上さんの番だ。三大監督も藤本定義さんも監督として大きな器を持っていたが、日本一を九年間も続けるような全ての条件を兼ね備えていたわけではない。やはり器のどこかには歪みがあった。だが、川上さんは名監督の全ての条件を兼ね備えた真の名監督だった。

私は水原監督時代の巨人とも川上監督時代の巨人とも日本シリーズで対戦したことがある。川上さんと初めて対戦したのは一九六一年だ。警戒する打者は長嶋茂雄ぐらいで、王貞治はまだ成長過程にあったため、戦力は水原さんが率いていた時代の巨人のほうが上だった。

だが、私は川上さんが監督になって巨人の雰囲気が一変したと思った。選手たちに張り詰めた緊張感が漂っていたのだ。水原監督時代は、監督自身の華やかな雰囲気もあり、どこか緩んだ空気が感じられたが、川上さんになってそうした空気は一掃されていた。案の定、南海は川上さんの巨人相手に苦杯をなめた。

ちなみに巨人九連覇の最初の相手は南海、最後の相手も南海で、どちらも私がマスクを被っていた。南海はどうしても川上巨人に土をつけることができなかった。

川上さんは妥協することなくチームを強化した。ＯＮをはじめ戦力が群を抜いているのに、毎年のようにトレードで新しい戦力を補強した。

一番苦労させられたのは捕手の森祇晶だろう。森は家庭の事情で東大進学を断念し、県立岐阜高校から巨人に入団。苦労してレギュラーの座を掴んだ頭脳派捕手だったが、川上監督は毎年のように六大学の有望な捕手を補強し、森を脅かした。戦力の厚みを増そうとしたのと同時に、「レギュラーの地位に安住するな」という森に対する暗黙のプレッシャーでもあった。こうした川上さんの姿勢への反骨心が、森をさらに一段上の一流捕手に育て上げたといえる。

多摩川には数億円が眠っている

私自身も巨人川上監督の妥協しない、徹底した姿勢に呆れたことがある。

一九七三年のシーズンを前に、南海の兼任監督だった私は悩んでいた。とにかく投手が足りない。そこでトレードを画策した。そんな折、「渡りに船」で巨人からトレードの申し込みがあった。当時の巨人は、二軍練習場の「多摩川には数億円が眠っている」と言われるほど分厚い戦力を誇っていて、私が欲しくなる選手もたくさんいた。少々の犠牲を払ってもトレードは成立させたかった。

ところが川上さんに会って驚いた。南海の三塁手の富田勝を欲しいというのである。富田はドラフト一位で獲得した、チームの三番打者である。その中心選手を欲しいというので呆れたが、川上さんは衰えの見える長嶋茂雄の後継サードがどうしても欲しかったのだ。富田は当然、南海にとって必要な戦力だが、私はいい投手が来てくれるならトレードもやむなしと考えた。

私が目をつけたのは左腕で、のちに巨人のエースになる新浦壽夫だったが、さすがに川上さんも新浦の素質はお見通しで「将来のうちのエースになる男だから、新浦は出せない」と断られた。そして川上さんが示したのが山内新一という投手だった。聞いたこともない名前なので、前年の成績を聞くと「一勝もしていない」という。これではとても天秤にかからない。チームの主力打者と前年未勝利の投手をトレードしようというのだ。いくら名監督川上さんの申し入れでも、これでは応じられない。

すると川上さんは「もうひとりつけよう」という。松原（のちに福士に改姓）明夫という右投手で、「期待して取ったが伸び悩んでいる。野村君が受ければ自信もついてよくなるだろう。ただし、うまく育ったら巨人に返してくれ」と条件をつけてきた。私のほうからすると、かなり分が悪いトレード話にも見えたが、とにかく投手が欲しかったので、やむを得ず巨人とのトレードに応じることにした。

翌シーズン、幸い山内が二〇勝、松原も七勝と期待以上の活躍をしてくれて、一九七三年のリーグ優勝に貢献した。南海からするとトレードは成功だったわけだが、連覇を重ねながら、あつかましいほどの条件でチームを強くするため補強を企てる川上さんの執念にほんとうに感服した。

長嶋、王をはじめ、あれだけの戦力がそろっていれば、誰が監督でも連覇できるという人がいるかも知れないが、とんでもない間違った見方だ。他球団のスター選手、四番やエース級を集めただけでは連覇はできない。それは、昨今、FAで巨大戦力を集めたチームでも簡単に優勝を逃すことでも明らかだろう。

最近は、監督自らの保身のために、スター選手のご機嫌をとるような起用がしばしば見られる。川上さんは長嶋茂雄がミーティングでメモを取らなかった、という理由で叱責したことがある。スター選手の広岡達朗さんを首脳陣を批判したという理由で容赦なく切ったこともあった。

その一方で、選手の将来には気を配り、人間教育に重きを置いた。メディアや財界関係者を講演に呼び、人間学や社会学を学ばせ、服装や振る舞いに気をつけるように厳しく指導した。こうしたことは監督としての一種の愛情表現で、器の大きさが他の監督と決定的に違っていた。ただ厳しいだけの恐怖政治を敷いていたら、「信」はえられず九連覇もなかっただろう。

采配は、「石橋を叩いても渡らない」と言われるほど手堅かったが、その一方で、日本で最初にドジャースの機動力野球を取り入れたり、柴田勲をスイッチヒッターに転向させるなど、さりげなく先進的な策を講じた。ただ勝っただけでなく、選手の教育から戦術まで全てにバランスが取れていた理想の指揮官だった。

監督は全体を統治せよ

長年、阪急と近鉄の監督を務められた西本幸雄さんは川上哲治監督と同い年である。一一回日本シリーズに出て一度も負けなかった川上さんと対照的に、西本さんは三球団で八回日本シリーズに挑んだが、一度も勝つことができなかった。そんな西本さんは「悲運の名将」などと呼ばれている。

私は西本さんが日本一になれなかった理由をじっくり考えてみたことがある。そしてひとつの結論にたどり着いた。

「西本さんは、監督というより優秀で情熱あふれる打撃コーチだった」

それが私の出した結論だった。

私は相手チームの監督として二〇年ほど西本さんと対戦してきた。試合前の練習のとき、西本さんの姿は常にバッティングケージのうしろにあった。ケージのうしろから熱心にフリー打撃の様子を眺めていた。チームには当然打撃コーチもいるのだが、あまりにも西本さんが熱心なので、いつも暇そうだった。私は西本さんの下の打撃コーチに同情したものだ。

そうした熱心な指導の中で、たくさんのいい打者が育っていった。長池徳士、加藤英司、福本豊、栗橋茂、羽田耕一、梨田昌孝といった選手たちは、西本さんの厳しい打撃指導によって育った打者といってよい。阪急の監督時代などは、シーズンオフの自主練習にも付き合っていた。他の監督ではとても考えられないことだ。

その一方で、西本さんがブルペンにいる姿を見たことは一度もなかった。あまりに不思議だったので、私は一度、ケージのうしろで練習を見ている西本さんに直接、尋ねたことがある。

「大変失礼なことをうかがいますが、私は西本さんがブルペンに行かれているところを一度も見たことがありません。なぜ、いらっしゃらないんでしょうか」

すると、西本さんは即答した。

「オレはピッチャーのことはわからん」

そして畳み掛けるように聞き返してきた。

「おまえ、誰かいいピッチングコーチ知らんか」

私は唖然として返事ができなかった。

投手のことはわからないから指導しない。正直な姿勢ではある。しかし、私はこのあたりに西本さんがついに日本一になれなかった理由があると考える。

なるほど西本さんは一塁手出身で投手のことは専門外かもしれない。しかし、専門ではないからといって投手コーチに丸投げでは、やはり監督としては問題だろう。投手起用でも最後に責任を取るのは監督だ。

監督が見るというのは技術指導以外に重要な意味もある。監督に見られていることで投手にはやり甲斐も生まれる。ほったらかしでは投手は育たない。打者に比べると、西本監督の下で大きく成長した投手は、天賦の才に恵まれた阪急のエース、山田久志ぐらいではないだろうか。

私は大先輩の西本さんが監督失格だったなどと言っているのではない。稀に見る情熱を持った指揮官だった。阪急時代のホーム、西宮球場は観客が少なく閑古鳥が鳴いていたため、南海のベンチまで阪急側の声がよく聞こえた。西本さんが大声で選手を叱咤していたのを思い出す。野球が好き、バッティング指導が好きという意味ではあれほど熱血漢の指導者はいないだろう。ただやはり、名将と祭り上げるのは少しためらってしまうのだ。

全戦勝ちにいけば、全てを失う

話は前後するが、巨人から山内新一、松原明夫をトレードで獲った私は東映からもひとり投手を獲った。江本孟紀だ。江本は球威はあったが、コントロールに不安があって伸び悩んでいた。しかし、長所を生かすリードをすれば必ず伸びると私は読んでいた。東映は私のバックアップ捕手である高橋博士を欲しがっていた。器用な選手だが、正捕手の私の陰で、出場機会が少なく私も気にしていたところだった。渡りに船である。

ただ、いきなり「江本が欲しい」と切り出すと、足元を見られる心配がある。そこで私は「誰が欲しい」と聞かれたとき、「おたくに、背の高いノーコンがいましたな」と曖昧な発言をした。「欲しいといっても名前も知らない程度か。それぐらいの選手なら出してもいいだろう」

そう考えさせる作戦である。東映の田宮謙次郎監督は私が欲しがっているのが江本だとわかると、「得をした」とでも言いたそうな顔で承諾してくれた。

山内、松原に江本が加わり、南海はなんとかローテーションを組むことができた。

一九七三年、パ・リーグは観客動員数を増やすための話題づくりに二シーズン制を採用することになった。前期、後期各六五試合ずつで、それぞれの優勝チームがプレーオフを戦い、リーグ優勝を決めるやり方である。

六五試合の短期戦になったことで、各チームは目の前の一勝を大事にするトーナメント方式の戦いを心がけるようになった。ロッテの金田正一監督などが代表的で、勝てると見ると、ローテーションなど関係なくどんどんいい投手をつぎ込んでくる。そのため、ロッテは序盤、好成績で突っ走った。他のチームもそれにならった。

しかし、私は六五試合は決して短期戦ではない、と思った。やはり長丁場なのだ。無理をしたら必ずバテる。私は苦しいときもローテーションを守る戦略をとった。そのおかげで、前期の後半、他のチームが失速する中、南海は浮上して、なんとか前期優勝を果たした。

ただ、後期になると、さすがにトーナメント方式では勝てない、と他のチームも気づいてきた。そうなると力のあるチームが上に来る。西本監督の下で、戦力が充実していた阪急に、戦力面で劣る南海は全く歯が立たなかった。「前期勝っただけで優勝した気になるな！」と私は選手をたしなめたが、後期は阪急になんと、一二敗一分け。ひとつも勝てなかった。

プレーオフはその阪急との短期決戦となった。戦力で劣る上に、後期にひとつも勝てなかったことで、選手はプレーオフが始まる前から負けが決まったような雰囲気だった。

しかし、私は勝機はあると思っていた。プレーオフは日本シリーズより短く、五試合で先に三勝すれば終わりである。阪急を長丁場で上回るのはむずかしいが、短期決戦ならなんとかなる。

「わからないぞ、なんとかなる」

私は選手たちに言い聞かせた。

五試合の短期決戦と考えたとき、大事なのは一、三、五戦。特に第一戦が重要だ。ここを落とせば、もともと不利だと思っている選手心理から、ズルズルと三連敗する可能性もある。ひとつとれば数字の上で優位に立つだけでなく、選手にも自信が湧く。第一戦が全てだ。

シーズン中はローテーションを守り、いい投手をむやみにつぎ込むことはしなかったが、この第一戦には西岡三四郎、佐藤道郎、村上雅則、江本とおもな投手を全部つぎ込み、継投、継投で四対二で逃げ切った。

この一勝で空気が変わる。「やれるぞ」という雰囲気が選手の間にみなぎり始めた。だが、第二戦は九対七で競り負けた。そのあと私は選手にこのシリーズの作戦を明かした。

「力では阪急に勝てない。全部勝ちにいけば全部負ける。三つ勝てばいいのだから、一、三、五戦に全力を挙げる。二戦、四戦は勝てばもうけもの。負けてもともとなのだ」

こういう指揮官の考えを選手に明かしてよいものか、私はずいぶん悩んだ。一歩、間違えば選手のやる気を失わせるかもしれない。しかし、南海が戦力で劣るのは明らかなのだから、胸のうちを正直に明かしたほうがいいと考えたのだ。

すると選手は正直に受け止めすぎたか、第二戦のあと、第四戦は一対一三で大敗してしまった。これはのちのちまで後悔として残った。やはり監督として絶対に言ってはいけない内面の秘密だったのだ。

それでもなんとか二勝二敗で第五戦までもつれ込む。選手はひとつ勝てば上出来と思っていたので半ば満足し、リラックスして試合に臨んでいた。

一方、阪急は戦前の予想で圧倒的に優位と言われていたので、負けられないと硬くなっていた。「勝って当然」という試合ほどやりにくいものはない。

試合は点の入らない投手戦になったが、九回の表、南海にラッキーパンチが出た。シーズン中はさっぱりだった外国人のスミスが阪急のエース山田久志からホームランを打ったのだ。宝くじに当たったようなもので、打たれた山田はショックのあまり夢遊病者のような姿になった。そこに広瀬叔功が追い討ちをかけ、二本のホームランで南海がリードした。

九回裏は抑えの佐藤道郎をマウンドに送った。なんとか二死まで追い込んだが、代打の当銀秀崇にホームランを打たれて一点差。阪急は次に代打の切り札、高井保弘を送ってきた。投手の佐藤は投げっぷりは剛速球だが、球威はない。「フォームは一六〇キロ、来る球は一三〇キロ」と相手チームに揶揄《やゆ》される投手である。相手の高井は遅い球にめっぽう強い。もう保たないと思い、ブルペンを見ると、抑えのエースが出ていることもあり、誰も準備をしていない。急遽、江本を用意させた。

マウンドで佐藤に「おまえは高井と相性が悪いから代われ」というと、嫌だという。「誰と代わるんですか」と聞くので、「江本だ」というと「よけい嫌だ」という。ふたりは同い年で、私は知らなかったのだが、非常に仲が悪かった。胴上げ投手をよりによって一番仲の悪い江本に譲れるか、というわけだ。今から思えば、気持ちはわからぬでもないが、もちろん、リーグ優勝のかかった土壇場である。おいそれと投手のわがままを聞くわけにはいかない。なんとかなだめて交代させ、江本をマウンドにあげた。

江本には高井の苦手な球威のあるストレートを三球要求し、三振に取って、なんとか南海はプレーオフを勝つことができた。

私はその後、日本シリーズで三度優勝しているが、このプレーオフほど会心の勝利はない。

当時三八歳の私が得たものも多かった。戦力の劣る弱者でも戦いようはある。特に短期決戦では狙いを絞った戦い方ができればチャンスも生まれる。

選手に自信とやる気を出させるためには、言葉の使い方を間違えてはならない。監督は胸の中にしまっておくべき言葉、しっかり伝えなければならない言葉をはっきり分けておかなければならない。勝負は全部勝ちにいこうとしてはならない。特に短期決戦では全部勝とうとすれば、全部を失うこともある。

こうした教訓は、私の監督像を作り上げるうえで、大きな指針になった。

同世代の名監督

川上さんと西本さんのあとの時代の名監督となると、広岡達朗さん、森祇晶、それに阪急を率いた上田利治の三人ということになるだろう。森と上田は私と同じ、捕手出身監督であり、森は西武監督在任九年間で、八度のリーグ制覇、六度の日本一に輝いている。上田は阪急監督時代、三年連続の日本一を達成した。

広岡監督はヤクルトと西武のセ・パふたつのリーグで日本一になった。ともに引き受けたときは弱小チームで、それを日本一に導いた手腕は絶対的だった。

広岡さんの特徴は徹底した管理、時には強制とも言えるような組織管理術にあった。選手たちに菜食を奨励し、肉を嫌って、禁酒、禁煙もしいた。選手の私生活についても目を光らせた。規律を重視した広岡さんの指導法は、自身が軍人の家庭に育ったこと関係あるかもしれない。〝管理野球〟などと批判も浴びたが、私は、組織で戦うスポーツでは一定程度の管理、規律は当然だと考えている。だから広岡さんを管理野球と非難する気はない。

ただ、広岡さんには「情」という面が欠けていたように思う。選手への愛情、ともに闘うといった姿勢はほとんどなかった。選手に菜食を強制しながら、自分は肉を食べて痛風になったこともあった。批判を受けても、「選手と監督は別だ」と意に介さなかった。そうした姿勢では、選手との間に基本的な信頼関係は生まれない。フロントにも容赦なく自分の考えを押し出し、日本一になりながら、最後は球団と対立してチームを去る形になった。

広岡さんに西本さんのような情があれば、あれだけの野球観の持ち主だけに、もっともっと長く監督を務められたように思う。

広岡さんのあとを受けて西武の監督になった森祇晶とは、現役時代から交流があった。日本シリーズの情報収集のために川上さんが森を私のところに派遣したのだ。それをきっかけに同じポジションということもあり、話をするようになった。捕手の役割が重視されない時代にあって、なんとか評価されるような野球をしたいと互いに考えていたこともあり、交流が深まった。

森は西武の監督として輝かしい成績を残した。一九九三年に私が率いたヤクルトに敗れるまでは、日本シリーズに六回出場して一度も負けなかった。

私は監督として一九九二、一九九三年と二年続けて森西武と対戦した。世間は「キツネとタヌキの化かしあい」だとか「グチとボヤキの戦い」などと評したが、私にとっては手の内を知り尽くした関係だけに、戦い難さと戦い易さの同居する稀有な決戦でもあった。お互いの野球観をぶつけるような手ごたえのあるシリーズができたと思っている。

森は豊富な戦力の用兵に優れ、監督に必要な忍耐や勝負勘も持っていた。ただ、彼が西武で監督になったときは、広岡さんの育てた戦力が充実期に入っていて、投手では渡辺久信、工藤公康、郭泰源、石井丈裕などのエースが並び立ち、打者では清原和博、秋山幸二、デストラーデの主軸に加え、石毛宏典、辻発彦などの脇役も充実していた。いわゆるやりくりの苦労は必要なかった。森は与えられた組織戦力の采配には秀でているが、私のような弱者の戦略、少ない戦力でやりくりしたり、若い選手を育てたり、あるいは再生してなんとか活路を見出す、といったことはあまり得意ではなかったようだ。

その意味では、西武という大企業の組織力に依拠した戦略と、ヤクルトという弱者の戦略の差が、当時の森と私の立場の違いを表していた。のちに森は、低迷する横浜の監督になったが、西武のときのような成功を収めることはできなかった。

少し年上の広岡さん、それよりちょっとだけ若い森、日本シリーズの猛抗議で知られる阪急の上田利治、私のあととなると、なかなかこれといった名前が浮かんでこない。

名監督と呼ばれるには、一度きりでなく、何度か日本一になり、特徴のある采配を見せることが条件になる。若い世代でも何度か日本一になった監督はいるが、フロント主導の補強に支えられていたり、他チームの戦力の薄さに助けられてと思われるようなケースもあり、印象に残る監督は数少ない。

これは監督の選び方にも問題があるからではないか。評論家の経験しかない人や、マスコミ受けする言動だけが目立つような人気とタレント性のある人物をとりあえず監督に据え、注目が集まればそれでよし、うまくいかなければ首をすげ替えればいい、といった監督起用があまりに目立っている。

一例を挙げれば、オリックスなどは、イチローを擁して日本一になったこともある仰木彬が二〇〇一年に退任して以降、二〇一三年までの一二年間でなんと九人も監督が替わっている。これでいい結果など生むわけがない。この間、最下位が六回、八年連続Bクラスと低迷が続くのも当然である。

「監督が交代するときは、チームが苦境にあるときだ」と言ったのは川上哲治さんだ。最下位から一気に優勝などといった離れ業はめったに起こるものではない。私は南海、ヤクルト、阪神、楽天と弱いチームばかりを率いてきたのでよくわかるが、負け犬根性のしみこんだチームを立て直すにはある程度時間がかかる。ところが、最近はオーナーやフロントにも性急な成果主義で育ってきた人物があまりに多い。「とにかく利益を出せ」「結果が出なければ責任を取れ」と尻を叩く。これではチームは強くならないし、監督らしい監督、器の備わった監督など現れてこない。

球団フロント、もっと言えば、オーナーや球団社長自身の監督選びの基準が問われているのだ。

最後の奇人監督・落合博満

ここ数年で、私が監督らしい監督だと感じたのは二年前まで中日を率いていた落合博満だ。類は友を呼ぶという。私は監督や評論家として落合と会うと、たいていふたりきりで何時間も話しこんだ。話は野球オンリー。野球の話をしていれば、お互い飽きることはない。

私は一九六五年、戦後初の三冠王を一度獲ったが、落合はトリプルクラウンを三度獲っている球界唯一の男だ。やはり、他の指導者にはない独自の野球観、頭の使い方、眼の付けどころには、私も一目置く。

八年間の監督在任中、日本一を含めAクラスを死守し続けた。中日で残した実績も見事だった。先に触れたように、第二回WBCの代表監督を選ぶ際、私は意見を求められて落合を推薦した。現役監督の中では彼が適任だと考えたのだ。しかしNPB（日本野球機構）や読売グループのお眼鏡にはかなわなかったようで、一蹴されてしまった。

ただ、私は、落合にはふたつの足りない点があったように思う。ひとつは人望。彼は選手やコーチの間では人望があったようだが、メディアにはそっけなかったので評判が悪かった。中日という地元「名古屋中心主義」の根強いチームにあってOBを特別扱いせず、「勝つことが最大のファンサービス」と宣言し、地元のファンへのサービスもしない姿勢がフロントの不評を買った。ファンもそうした空気を察知していたようで、勝っても勝っても観客動員は減る傾向にあった。そんなことから、あれだけの成績を残しながら辞めることになったのは残念だ。

もうひとつ、私が物足りなく、惜しいと思ったことがある。それは「オレ流」などといって、自分の個性を必要以上に強調しすぎる傾向があったことだ。

二〇〇七年の日本シリーズ第五戦、勝てば中日が優勝という試合で、山井大介が八回まで完全試合を演じていた。達成すれば、球史に名を残す大記録である。

しかし、落合監督は九回、山井に代えて岩瀬仁紀をリリーフに送った。山井の完全試合に監督自らストップをかけたのだ。

あの場面は、中日にとって五三年ぶりの日本一が手に入る試合で、血マメが潰れて交代させたとの後日譚があったが、ほんとうのところは監督以上に目立つ選手がいては困るという心理だったのではなかったか。常にスター選手として注目を浴びてきた落合にとって、完全試合よりも、チームを久々の日本一に導いた監督にスポットが当たるのが当然と考えたのだろう。

私は監督の仕事として、勝利を求めることと同じくらい、人を残すことが大事だと考えている。記録を残す、名前を残すことも大事だ。だが、それ以上に人を育て、人を残すことが大事だと思っている。もしあそこで山井が完全試合を達成していたら、大記録が残るだけでなく、ひとりの野球人、山井大介という選手の価値を後世まで残すこともできただろう。実績では申し分なかったが、監督としての落合にはそのあたりが不足していた。

監督落合の能力からすれば、またどこか他のチームの監督を引き受けるだろう。次のＷＢＣ代表監督という声もあがるかもしれない。そのときは、ここで指摘したことを彼なりに考えて、より成長して欲しいと祈っている。

第二章

組織はリーダーの力量以上に絶対、伸びない

黄金時代の立役者

私は南海ホークス、ヤクルトスワローズ、阪神タイガース、楽天イーグルスと四つの球団で監督をさせてもらった。日本一の喜びも味わったし、最下位の屈辱も経験した。自分の力不足を痛感したこともあり、選手の想像以上の成長に喜びを味わったこともある。

プロ野球は組織の戦いである。ひとりが自己流の努力をしただけでは強くはならない。組織の強さは個人の自覚ももちろんだが、やはりリーダーの力量がカギを握っている。組織はリーダーの力量、器以上に伸びることはない。

プロ野球の監督は現場のリーダーではあるが、球団という組織の中では中間管理職的な立場でもある。特に弱いチームに顕著に表れる現象として、監督の力量はもちろん重要だが、それだけで勝てるものでもない。やはり監督以外のリーダー、球団でいえばオーナーや球団社長といった人たちの力量、度量がその組織の特長、充実の度合いを決める。

自分のプロ野球監督生活を振り返ると、球団のリーダーとして強く印象に残っているのはヤクルトの相馬和夫球団社長である。

私が監督に就任した三年目、ヤクルトは一四年ぶり二度目のリーグ優勝を果たした。優勝が決まった瞬間、相馬社長は私のところに駆け寄ってきて、両手を握って、「ありがとう、野村君。ありがとう」と何度も繰り返した。いろいろなオーナー、社長と優勝の喜びを分かち合ったが、あれほど手放しで喜んでくれた人はいない。

そして、握手した手をなかなか離そうとしない。人間の機微というものをよく理解されていた。当然、この方のために頑張ろうとこちらも情熱を燃やす。

あとで聞いたことだが、私を監督に据えるというのは相馬さんのアイデアだった。相馬さんは自ら私の家にやってこられて、監督就任を依頼した。私は現役時代はパ・リーグ一筋で、セ・リーグとはほとんど縁がない。ヤクルトの試合は見ていたが、特に親しくしている首脳陣や選手はいなかった。だから、ヤクルトが私を欲しがっている理由がわからず、直接、相馬さんに尋ねてみた。

「なんで僕なんですか」

すると相馬さんは、「野村スコープ」をはじめ私のテレビ解説を聞いたり、スポーツ紙の日本シリーズ評論を読んで、私の野球観に感心したのだと説明してくれた。

「ああ、これぞ本物の野球だと感心しています。うちのバカどもに本物の野球、野球の真髄を叩き込んでいただけないか」

「野球の真髄」という言葉に私は触発された。

相馬さんは私より年上で、ヤクルト本社取締役、球団社長を務める責任ある立場の人である。その方が、私の野球評論に熱心に目を通し、それに共感して監督招へいを思い立ったのだという。

私はすっかり感激してしまった。

「見ている人は見ているものだ」

そんな気持ちだった。私の評論はそれまでの野球常識にとらわれないデータ分析から発しており、「野球は頭でするものだ」の持論を評価してくれる人もいる一方で、批判的な声もあった。その中で相馬さんのように、ひとつの球団を預かる方が、熱心に読んで目にとめてくれたのはありがたい限りだった。相馬さんの熱心な誘いがなければ、私がヤクルトのユニフォームを着ることはなかったし、三度の日本一もなかっただろう。

相馬さんによると、私の監督招へいを提案すると、ヤクルトグループの役員全員が反対したそうだ。「野村は暗い」、「パ・リーグの人間だ」といった声、さらにはうちとなんの所縁《ゆかり》もないじゃないかという声が、実は本社内であったという。

ヤクルトは松園尚巳オーナーの方針で、家族主義的なチーム運営が持ち味だった。一度獲った選手はめったにトレードには出さない。温情で最後まで面倒を見るが、縁故のない人間には冷たいところがあった。そういう話を聞いていたので、監督就任にはためらいがあったのだが、相馬さんは、「万一、野村で失敗したら、私も辞めます」と発言し、親会社の猛反対を押し切ってくれたという。「全て監督にお任せします。好きなようにやって下さい。注文も何なりとしてください」と言われ、私は二度感激した。相馬社長の熱情とバックアップを信頼して、私は監督を引き受けた。

相馬さんは就任依頼の話の通り、監督になった私を全面的にバックアップしてくれた。これは心強かった。最下位チームを引き受け、ほんとうに強いチームに育てるには、当たり前のことを当たり前にやることが肝要だ。「野球は0点で抑えれば負けないスポーツです。その原点はピッチャーです」と話し、まずは西村龍次、川崎憲次郎、石井一久、伊藤智仁などの投手補強から始めた。私の方針に反対するメディアやファンの声も、当初は少なくなかった。だが、そうした声も、相馬さんが風除けになって防いでくれた。私が九年間も監督を務めることができたのは相馬さんという後ろ盾があってのことである。

相馬さんは小柄で細身の一見おとなしそうな球団社長に見えたが、実はなかなか肝の据わったところがあった。あれほど度胸の据わった社長を私は他に知らない。私を選手たちに初めて紹介したとき、大きな選手たちを前にして一喝した。

「おまえら、野村監督の言うことをよーく聞いて勉強しろ！」

最近は選手に媚を売るフロントもあるようだが、相馬さんは野球経験はなくとも、謙虚に学ぶ姿勢を忘れるな、と一喝するリーダーとしての見識を持っていた。

意外な勝負勘もあり、ドラフトのくじ引きでは抜群の強さを発揮して、荒木大輔や広沢克己らを引き当て、「黄金の左腕（相馬さんは左手でくじを引いた）」などと呼ばれたりもした。一九九〇年代のヤクルト黄金時代を築いた陰の立役者といってよい。

プロフェッショナルとは〝恥の意識〟である

ヤクルトは広岡監督時代の一九七八年に日本一になったことがあったが、優勝はそれだけで、私が引き受けたときは、長く低迷が続いていた。オーナーが「巨人が優勝してウチが二位になるのが理想的」などと公言したこともあり、必死に勝利を求めるといった姿勢は感じられなかった。

私は最初のキャンプのとき、選手の意識を知るためにふたつの質問をぶつけてみた。

「プロフェッショナルとは？」

「野球とは？」

根本的な質問だが、選手の姿勢を知るにはいい手がかりになると思ったのだ。ただ、感心するような答えを期待していたわけではない。抽象的な質問でもあり、答えにつまる選手もいるだろうと予想しながらあえてぶつけてみたのだ。

「プロ野球関係者以外に、こんな質問をぶつけられたら、おまえはどう答えるんだ」

ベテランの選手が答えに詰まって立ち往生するのは気の毒だから、若い選手にまず聞いてみた。みな、同じことをいう。

「考えたことありません」

「じゃあ、いま考えろ。一回ぐらい考えてみろ。野球でメシを食っているのだから、そこのところをしっかり押さえておかないと、何も始まらないぞ」

プロとは何か、野球とは何かなど真剣に考えたことがないのだ。

選手は戸惑ったような顔をしていた。きっとそんな質問をされたことは一度もなかったのだろう。

もちろん私自身は自分なりの回答を持っていた。

「オレはプロフェッショナルとは、〝恥の意識〟だと思っている。ファンの前で恥をかきたくない。さすがプロだと思われるプレーをしたい。そう考えて行動するのがプロなのだ。オレはそうやってプレーしてきた」

私は最初の年のキャンプで、一日も休まずミーティングを続けた。最低でも一時間。選手にはノートを持参させ、メモを取ることを求めた。野球における具体的な戦術論、戦略論も当然あったが、基本に置いていたのは「プロとしての恥の意識」だった。

レベルの低い、みっともないプレーを演じても反省もなく平然としているのはプロではない。何年も下位に甘んじているお前たちには恥の意識が足りない。そう説いて、長年の低迷で染み付いている負け犬根性を取り払おうと試みた。

振り返ってみると、私の監督生活は、ヤクルト時代にある程度集約される。情報の収集と分析を軸にしたID野球でチームを日本一に三度導くことができた。選手の素質と個性をゼロから洗い直し、一番ふさわしい場所に配する適材適所とチームの意識改革を基本方針に据え、埋もれていたかもしれない選手を活かすことにも成功した。

もちろん、私のやり方が成果をあげたのは、すばらしい選手たちがいたからでもある。そうしたよい選手たちとの出会いも数多くあった。古田を筆頭に、西村、伊藤智、岡林、石井、川崎、高津、池山、広沢、稲葉、飯田、秦、宮本、土橋……こういう選手たちがそろって日本一になれた。

監督は相手と戦う前に、まず、自軍のチームの選手たちとの戦いに勝たねばならない。だから、最初の年のユマキャンプでは、ミーティングを選手との「勝負の場」ととらえて、選手たちに説いた。私の全野球観、全人生観をかけて臨んだのである。

ボードに書く材料は、九年間の評論家生活の中で読んだ、さまざまな本から書き取っていたものだった。中国の古典もあれば、成功した実業家の自伝もある。そうした言葉を書き出して、そこに表れた考え方を選手に叩き込んだのだ。

野球の知識しか与えられてこなかった選手たちには、そうした言霊《ことだま》は、いわば「勝負球」として急所に突き刺さったらしい。回数を重ねるごとにそうした選手たちの反応を見て、私は選手との勝負には「これでいける」と感じたものだ。

シーズンに入ると、今度は選手たちに読書を勧めた。遠征で新幹線に乗る。駅について、選手たちの座ったあとを見てみると、裸の写真が載った週刊誌やマンガが散乱し、ジュースや食べ物が片づけられずに残っている。そんな様子を見て、最低限のマナーを徹底させ、社会人としての常識を少しでも身につけさせようと本を読むように勧めたのだ。

「人間の最大の悪は何だ！　そんな考えることじゃない。鈍感だ！　鈍感人間は最悪だ！　よく覚えておけ」

そういって説教した。野球は目配り、気配りが必要なスポーツだ。日常生活で、あとから乗ってくる人のことも考えず、食べ残しをほったらかしておくような鈍感人間が、野球で成功するはずはない。

どれだけの効果があったかはわからないが、その後、私の目に入る範囲では、酷いマナーなどは見られなくなった。そうした教育も、ヤクルトでの好成績につながっていたのかもしれない。

言葉を武器とせよ！

最初のキャンプでありがたかったのは、場所がアメリカのユマだったことだ。ユマはアリゾナ州の南西の端、少し走ればメキシコという場所にある。砂漠の中の小さな町だ。

あるのは球場と宿舎のモーテルだけ。遊びに行く場所などない。選手はお金を持っているので遊びたくて仕方がない。でも、夜遊びの行く先などないのだ。居酒屋ひとつあるわけでもないから、食事もあまりうまいとはいえない宿舎のもので我慢しなければならない。

そうなると、選手は自然に練習に集中するようになる。野球以外にやることがないのだ。野球漬けの一ヵ月。これがよかった。

最初は暇を持て余していた選手たちも、次第に自主的に練習するようになった。全体練習のあとも、みんな屋内練習場で素振りや打ち込みをする。夜のミーティングでも、真剣に耳を傾ける選手が増えていった。あの環境が私のヤクルト監督時代の骨格を作ったと考えている。

私は評論家時代、師と仰いだ草柳大蔵さんからアドバイスを受けたことがある。

「野村さん。言葉は大事ですよ。本を読まなければなりませんよ」

自分の体験を生のままでぶつけることは誰にでもできるが、それだけでは相手の胸にしみこんでいかない。本を読んで、言葉の核心を掴んで伝えることが肝要なのだというのだ。

それを指針に、評論家時代は、手当たり次第に本を読んだ。「孫子」のような中国の古典や成功した実業家の伝記などジャンルは問わなかった。

「敵を知り己を知れば、百戦して殆《あや》うからず」

選手は野球と関係ないこうした言葉を聞くと、最初は怪訝《けげん》な顔をしていた。自分たちとは関係ない話と思ったのだろう。

だが、野球の勝負の要諦がそうした言葉の中に潜んでいることを、次第に感じ取るようになった。回を重ねるうちに、ミーティングが終わると、「すげえな」といったつぶやきが漏れるようになっていった。そういうつぶやきを聞いて、私は手ごたえを感じたものだ。

いま西武ライオンズの監督をしている渡辺久信は、日本での選手生活の最後の一年をヤクルトで過ごした。彼は「野村監督のＩＤ野球をそばで学んでみたい」と自らヤクルトを選んだと聞く。

球威で勝負する投手だったが、年齢からくるパワーの衰えで、ヤクルトでは思ったような活躍はできなかった。しかし、ヤクルトでの一年はのちに指導者になる彼にとって得るものが多かったようだ。

「野村監督のミーティングはカルチャーショックだった。まさか、カウント別の打者分析を監督自ら指導するとは思わなかった。たった一年だけどいってよかった」

のちにそんな話をテレビで述べているのを見たことがある。

彼は西武で、広岡達朗さん、森祇晶という名監督の下で指導を受けた。厳しい管理を求める広岡さん、戦術眼に長けた森の下で学び、他球団の選手よりはしっかりした組織戦略型の野球観を身につけていた。その彼でも、弱者の戦略に基づく、言わば各論のデータ分析のさまざまな言葉が飛びから私のミーティングは珍しく、印象に残るものだったのだろう。

外野手出身ほどではないが、〝オラが大将〟型の投手出身の監督もなかなか成功しない。その中にあって、渡辺は西武監督就任早々チームを日本一に導き、その後も常に上位を争うチームを作り上げている。そういう彼の手腕を作るうえで、ヤクルトでの一年が少しでも役に立ったとすれば、うれしいことだ。

努力の二〇〇〇本　稲葉篤紀

昨シーズン、北海道日本ハムの稲葉篤紀とヤクルトの宮本慎也が二〇〇〇本安打を達成した。ふたりは年齢はふたつ違うが、私がヤクルトの監督をしていた一九九五年、同期で入団してきた。私が監督をしているときに入ってきた選手では、ほかに古田も二〇〇〇本安打を達成している。記録を調べたわけではないが、二人の一〇〇〇本安打選手に関わることができた監督は珍しいのではないか。

私はヤクルトでリーグ優勝四回、日本一三回を経験したが、この二〇〇〇本安打トリオの活躍はそれに大きく貢献してくれた。

この三人には共通点がある。みんな最初から大きな期待を集めて入団してきた選手ではなかったことだ。

古田については彼の監督としての特徴も含めてあとで触れるが、メガネをかけているということで、スカウトの評価が低かったのは有名な話だ。

稲葉は全くスカウトの目に留まらなかった。彼の獲得は偶然による。

稲葉が法政大学の四年生のとき、私は神宮に六大学の明治大学との試合を観戦に行った。稲葉を見るためではなく、当時、明治の捕手をしていた息子の克則から「たまには見に来てよ」といわれ、観戦に行ったのだ。二試合見たのだが、その二試合で、法政の一塁手がホームランを二本打った。それが稲葉だった。短い間に二本も打つのだから、もう四年生でもあるし、ホームランを何十本も打っているのかと聞くと、通算で三本しか打っていないという。三本のうち二本を私は見たわけで、このとき不思議な縁を感じた。

その年のドラフト会議。ヤクルトの補強ポイントは即戦力の左打者だった。編成担当に「いい左はいるのか」と聞くと、「これといった選手はいない」という。

「それなら稲葉を獲ってくれ」

私はそう注文を出した。スカウトは稲葉のもとに行ったことがなかったし、評価も低い。

「プロじゃ無理でしょう」

「一塁であのぐらいのパンチ力じゃホームラン二〇本は厳しい。守るところがありませんよ」

いろいろ反論が返ってくる。しかし、守備は動きがいいので外野をやらせればいい。非力だがともかくあの打撃は捨てがたい。私は強引に指名することにした。

そんな経緯があっての入団だから、最初から期待されてはいなかった。出場したのも六月になってからで、レギュラーになったのは二年目からである。

技術はあったが、非力さが目立った。しかし、稲葉は非常な努力家だった。プロ入りのチャンスは私が与えたかもしれないが、それをつかんで一流選手に成長したのは稲葉自身の努力にほかならない。

とにかくよく練習した。朝から晩まで神宮の室内練習場で打ち込んでいた。稲葉と宮本、それに今、ヤクルトの二軍監督をしている真中、そして息子の克則の四人は試合の前も、試合後も常に室内練習場にいた。

あるとき稲葉に用があり、球団マネージャーに「ちょっと、稲葉を呼んでくれ」というと、「まだロッカールームに来ていないようですよ」という。私はピンときて、「室内練習場を見てくれ。必ずいるはずだから」といった。案の定、稲葉は早く来て打ち込みをしていた。

そうした努力を見てはいたが、それでも二〇〇〇本安打や日本代表の四番を打つような選手になるとは思わなかった。地道な努力が大成につながったいい例である。

脇役に徹しろ　宮本慎也

私がヤクルトの監督時代、ドラフトの際、スカウトから「この選手は打撃には目をつぶってください」と言われた選手がふたりいた。古田と宮本だ。そのふたりがともに二〇〇〇本安打を達成したのは皮肉な話だ。

私は気にしなかった。ふたりのポジションがキャッチャーとショートだったからだ。このふたつは守備が最優先だから、「そんなにすばらしい守りができるんなら打つほうは目をつぶるよ」と言って獲得にOKを出した。そうやって獲ったふたりが打撃でも大きくチームに貢献してくれた。

宮本が入団した頃はほんとうに守備だけの選手で、私はよく冗談で「ヤクルトの自衛隊だ」と評していた。「専守防衛」という意味である。

守備はすばらしいセンスを持っていたので、なんとか守備固め要員ではなく、レギュラーになって欲しいと願った。

そこでアドバイスしたのが「徹底」ということである。投手は三振を取りたがる。打者はホームランを打ちたがる。だが、おまえはホームラン一本を打つ努力は捨ててヒットを一〇本打つ努力をしろ。

「ホームランは打たんでいい。オレはおまえにホームランなんか期待していないんだ」

それでも宮本も打者だから、やはり時にはホームランを打ちたいという欲が出る。それで凡打になると、私は厳しい言葉をぶつけた。

「おまえは四番打者を目指しているのか。よく野球はドラマだというじゃないか。ドラマには主役と脇役がいるだろう。おまえは打者では主役は無理だ。脇役に徹底しろ」

四球や渋い当たりのヒットでもいいからともかく塁に出る。走者がいるときはそれを進めることを考える。スクイズや外野フライでもいいから走者を還すことに全力を傾ける。そういう役割に徹底しろ、ということを機会があるごとに言って聞かせた。

宮本は非力ではあったが、右打ちには確かな技術を持っていた。走者を進める打撃にはうってつけだ。バントもうまい。その野球センスはチームにとって大切なものとなった。

非常にクレバーな選手だったので、彼は私のいうことをよく理解して、ホームランなどは狙わず、自分の役割に徹して一流のショートに成長していった。守備はもともとと文句なしの上に、個性に合わせた打撃が身につけば、鬼に金棒なのだ。

宮本は二〇一二年に二〇〇〇本安打を達成したが、通算本塁打は昨シーズン終了時点で六二本。ふたケタ打ったシーズンは一度しかない。二〇〇〇本打者でホームランが一〇〇本に届かない打者は元近鉄の新井宏昌と宮本くらいではないだろうか。いかに彼が打者としての自分の役割に徹していたかを示す数字といえる。

陰のMVP　土橋勝征

「徹底」ということでは、ヤクルトにもうひとり忘れられない選手がいた。いま、二軍で内野守備走塁コーチをしている土橋勝征だ。土橋はもともと長打力を見込まれて入団した内野手だった。たしかに二軍ではよくホームランを打つ。しかし一軍ではなかなか思うような打撃ができない。バットを目いっぱい長く持って振り回すのだが、一軍の投手の球にはついていけないのだ。

私はある日、彼を呼んで説教した。

「おまえは自分をホームラン打者だと思っているんじゃないか。そうでなくても、中距離打者ぐらいには思っているんだろう。でも、中距離打者なんて半端なものはいない。長距離打者か短打者のふたつしかないんだ。オレが見るに、おまえはどう見ても長距離打者じゃない。二軍では打てても一軍では無理だ。足も速くない。なれるとすれば、二番打者、つなぎ役だ。出塁と三番バッターへのつなぎが自分の仕事だと思い、その役割に徹してみろ」

彼はそのアドバイスを素直に聞き入れ、バットを短く持って、単打狙い、進塁打狙いに徹した。「出塁するのが仕事だ」という教えを守って、インコースに来る球からも絶対に逃げなかった。死球なら「ありがとう」というわけだ。ぶつけられても投手をにらみつけたりはせず、平然と一塁に歩いていく。

当たっても痛がらないし、少々のけがでは「休ませてくれ」などとは絶対言わない。チームを預かる監督にとって、これほどありがたい選手はいない。

ヤクルトでは古田、池山、広沢など主軸を打つ選手にスポットライトが当たることが多かったが、土橋の貢献は彼らに決して劣るものではなかった。私は主力選手でも、気を抜いたプレーをすれば容赦なく苦言を呈したが、レギュラーに定着してからの土橋だけは叱った記憶がない。つなぎ役の二番という役割に徹して、目立たないながら重要な仕事をしてくれた。土橋は最強の二番打者だった。

私はヤクルトで日本一を達成した際、「陰のMVPは土橋だ」とコメントした。

いま、コーチとして頑張っているが、いい指導者になるのではないか。「名選手、必ずしも名監督ならず」という言葉があるが、ホームランをたくさん打って「主役」を演じていたような選手は、指導する側に回ると、えてして、自分の経験と考えを選手に押し付けてしまいがちだ。土橋のように「脇役」として地道にコツコツと苦労して実績をつくった選手のほうがコーチになるとその真価を発揮する。

己を知る橋上秀樹

ヤクルトは、土橋のようにスター選手とはいえないが、面白い個性を持ち、渋い活躍をする選手が多かった。こうした選手たちの層の厚さが強いチームには欠かせない。これは会社などの組織経営も同様だ。

今回のWBCの戦略コーチに招かれて活躍した橋上秀樹は、ヤクルトではついにレギュラーの座を取れなかった。代打や守備固めが中心の控え選手だったが、野球に取り組む姿勢と、野球を見る目に独特のものがあり、私の印象に残った。

彼は捕手としてヤクルトに入団したのだが、私が監督になると、自ら外野手への転向を申し出てきた。

「監督の評論家のときの解説を聞いていると、とても僕にはキャッチャーは務まりそうにありません」

自分でそんなことを言い出す選手は滅多にいない。自分の捕手としての「器」を知っている。つまり、己を知っているわけで、私はなかなかしっかりした考え、自己分析ができている男だと感心した。

そのときの印象があったので、のちに楽天の監督になったとき、彼にコーチをさせることにした。彼とは頻繁にミーティングを重ねたが、私の手足になってよく働いてくれた。私は選手に対して容赦なく厳しい言葉を投げることが多いのだが、彼は私の言葉の真意、なぜ、あの時みなの前で恥をかかせるような叱り方をしたのかを選手に伝え、しっかりフォローしてくれ、ずいぶん助けられた。

橋上は楽天のあと、巨人に戦略コーチという役職で呼ばれた。よくわからない名称で、戸惑うこともあったようだが、ヤクルト、楽天で学んだ配球分析などを駆使して、巨人打撃陣の信頼を得ている。

WBCのような国際試合は、情報収集と分析の力に頼る部分が大きい。言ってみればIDだ。ほとんどが初めて対戦するチーム、選手だから事前にしっかり情報を集め、分析しなければ戦えないのだ。橋上が呼ばれたのは、そうした能力を評価されてのことだったのだろう。残念ながら、首脳陣が彼の能力をどれだけ活かすことができたかは疑問が残るのだが。

寡黙な天才打者

私は楽天の監督を去るとき、「人は何を残すかで真価が問われる」といった意味の話をした。そして、最もたいせつなのは人材を残すことだとも言った。

ある程度長く監督を務めた人間は、やはり自分の後継者を育てる役割があると思う。過去を振り返っても、名将と言われる監督はその後継者を育てていたものだ。

水原さんなら川上さん、西本さんなら上田利治、広岡さんなら森というように、自分のあとを託すことのできる人材を育てた。

私のヤクルト時代を振り返ると、いっしょに戦ったコーチ、選手の中からのちに五人の監督が出た。ヘッドコーチだった若松勉、投手コーチだった尾花高大、捕手の古田敦也、そして一年だけだったが、渡辺久信、栗山秀樹も私の下でプレーして監督になった。

このうち、若松については、先にも触れたように、最初から後継者にするつもりでコーチングスタッフに加えた男だった。これは私の意向というよりはヤクルト球団の意向だった。監督就任の三年目に相馬社長から「なんとか若松を育ててやって欲しい」と頭を下げられた。私はピーンときた。これは私の後継者指名だ。生え抜きのスター選手で二〇〇〇本安打も打った若松に監督として成功して欲しいというのは、家族主義が根強いヤクルトという球団の悲願だったのだ。

若松は打者としては一流の技術を持った天才打者だった。張本勲との首位打者争いに競り勝ったキャリアもある。プロ通算打率三割一分九厘は日本人選手最高記録である。しかし、若松は外野手出身で、指導者としては未知数だった。口数も少なく、少し話したぐらいでは、どんな野球観、戦術眼を持っているのか選手もつかみにくい。人間社会は言葉で伝えなければどうにもならない。私はあれこれ理屈を言うよりも、ベンチで自分の一番近くに座らせることにした。

「ボヤキの野村」などと言われるように、私は試合中、ベンチの中でぶつぶつぼやくことが多い。思ったことはなんでも口にしてしまう。それを実戦で聞いていれば、理屈で説明するよりも参考になる点も多いだろうと判断したのだ。若松は素直な男だから、ベンチではいつも私の隣に座って一球一球に対する私の野球観、采配を見聞きしていた。

それが私の後継監督となって、どれくらい役に立ったかはわからない。しかし、ある程度役に立ったことは間違いないだろう。

監督は伝えることが仕事である。自分の考えを選手に的確に伝えなければやっていけない。伝える道具は言葉である。若松は天才的な打撃技術は持っていたが、言葉は十分とはいえなかった。それでも、私の考えを聞くうちに、自然と伝える言葉を持つようになったようだ。

若松は大変シャイな男で、私に面と向って野球談義をぶつけてくるようなことはなかったが、のちに監督になったとき、選手たちに聞くと、ミーティングなども自分なりのやり方でしっかりやっていたようだ。

二〇〇一年に外野手出身監督として初めて日本一になったときは、「ファンの皆さん、おめでとうございます」と面白いあいさつをして話題になったが、あれも若松らしい実直さが表れていたように思う。

相馬社長から「後継者に育ててくれ」といわれていた手前、私としても、日本一で責任を果たしたような気持ちに満たされたのだった。

古田が監督として成功するには

若松のあとを受けて監督になったのが古田だ。私も彼が監督になることは予想していたし、期待もしていた。ただ、前にも書いたが、プレーイングマネージャーというのは疑問だった。私の現役時代ならともかく、現代の複雑な野球では、選手と監督を兼任するのはむずかしすぎると思えたからだ。

「オレにヘッドコーチをさせてくれるのならプレーイングマネージャーでもうまくいくかもしれない」

そんな話をすると、多くの人は冗談だと受け取ったようだ。しかし、私は単なるマスコミ受けを狙ってこんな話をしたのではなかった。ヘッドコーチというのは他人が言いにくいことを監督に伝えるのが仕事である。監督に直言できる人間でなくてはならない。しかし、監督になった古田の周りには、そうした直言ができる人物が見当たらなかった。私なら古田に耳の痛いことも話すことができる。私の真意は伝わらず、野村ヘッド案はもちろん、ほかの直言居士がヘッドコーチになることもなかった。

古田が新人で入ってきたとき、その肩やフットワークからヤクルトの屋台骨を支える捕手になるのはこの男だと思い、ベンチで近くに座らせて、私の考えを伝えてきた。投手のリード、配球の基本的な考えを叩き込んだのだ。それはもちろん守りにも役立ったが、いまから思えば、彼はより打撃のほうに私から得た知識を活かしたように思える。

打者として入団二年目に早くも首位打者になり、通算二〇〇〇本安打も記録できたのは、ベンチの中で学んだ「読み」を活かしたからだ。

風貌からはおっとりした穏やかな性格に見えるが、実は度胸の据わった勝負師タイプで目立ちたがり屋でもある。バッティングでは性格からくる思い切りのよさがプラスに働いたが、配球や投手のリードでは強気の性格がときどき墓穴を掘ることもあった。

捕手と投手は正反対といってよいほど性格が違う。捕手は受身で我慢強く、目立つことを嫌う性格の選手が多いが、投手は常に自分が野球の中心、世界の中心という考えの持ち主が多く、目立ちたがり屋も少なくない。何も投手を悪くいっているのではない。そういう性格でなければ、あの孤独なポジションは務まらない。

古田は捕手でありながら、性格的には投手的な要素をたくさん持っていた。目立ちたがりでギャンブルをいとわない攻撃的な性格で、攻めに強い。

その上、打撃タイトルを獲り、早くからスター選手として注目されてきたので、自分中心の考え方がなおさら強くなっていった。

彼がヤクルトの監督を引き受けたときは、長くチームを支えてきた選手の多くが衰えたり他チームに移籍したりして、チームは転換期に差し掛かっていた。我慢しながら若い力を育てる守りの時期だった。攻撃的な古田の性格からすると、厳しい時期だったと言える。そんな条件も重なって、監督として成功を収めることはできなかった。私とすれば、指導者の資質を持っている彼を、しっかり育てられなかったことは忸怩《じくじ》たるものがあるが、まだ若いので、再チャレンジの機会はあるだろう。そのときはひと皮むけた采配で私をうならせて欲しいものだ。

稲葉と宮本にあるリーダーの資質

稲葉と宮本。同期入団の二〇〇〇本安打コンビはふたりとも近い将来監督になるだろう。私はその資格が十分にあると考えている。

ふたりとも四〇歳を超えたが、いまだに現役でレギュラーの座を守っている。これは日ごろの練習の賜物だ。私の監督時代、ふたりが時間があれば室内練習場で打ち込んでいたことはすでに書いたとおりだ。ああした精進を長いこと続けてきたのが、今なおプロの第一線で活躍している理由だろう。野球に取り組む姿勢は申し分ない。キャリアもすばらしい。弱いチームで個人タイトルばかりを目標にしてきた選手は、監督やコーチになって技術指導はできても、チームを統率して優勝するための条件を知らない。やはり大舞台で勝ってきた経験は大きいのだ。

宮本はヤクルトで三回日本一を経験し、稲葉はヤクルトと日本ハムで四回日本一に輝いた。これは何物にも代えがたい財産だ。

国際試合で大きな舞台を経験しているのもふたりの共通点だ。宮本はアテネオリンピックでキャプテンを務めたし、稲葉は北京オリンピックと二回のWBCに出場した。

彼らが日本代表選手として国際大会のメンバーに選ばれたのは、プレーヤーとしての活躍を期待されたからだけではない。さまざまなチームから選手が集まる代表チームは選手の中にしっかりしたリーダーがいなければならない。しっかりしたリーダーがいなければチームは空中分解してしまう。ふたりはともに代表チームでリーダー役を期待され、その役割を果たした。

宮本は、病に倒れ本大会の指揮がとれなくなった長嶋茂雄のあとを受けて監督になった中畑清をよくサポートして銅メダルの原動力になった。その働きを認められ、北京オリンピックでもキャプテンを務めた。

稲葉もＷＢＣやオリンピックで活躍した。特に二〇〇九年の第二回ＷＢＣでは、不調だったイチローに積極的に声をかけ、チーム最年長としての役割を果たした。イチローは半ば冗談で稲葉のことを「いい人」とひと言で評したそうだ。

私は今回のＷＢＣも稲葉が最年長選手としてキャプテンを務めればよかったと思った。巨人の阿部慎之助にあまりにも負担が集中していたからである。捕手、四番打者、キャプテンの三役を、通常のシーズンならともかく、対戦データのない国際舞台で担うのはあまりにも酷であったからだ。

宮本と稲葉に話を戻せば、ともにキャプテンに選ばれ、実績も残したのは、私が監督に最も必要だと考えている「人徳」を持っていることの証だろう。監督としての条件はふたりとも持ち合わせている。しかし、それだけで監督として成功するわけではない。

監督の基本的な仕事は「見つける、活かす、育てる」の三つである。選手の隠れた資質を見抜き、的確な指導法で育て、戦力として適材適所で活用する。この三つができて初めて監督としての成功が約束される。私の経験から言って、「育てる」ことが最もむずかしい。本人も気づいていない才能の芽を見出し、「こいつはよくなる」と判断すれば、我慢して起用し続ける。選手の野球への取り組みをじっと観察し、原理原則にのっとって正しい方向へ導くのが鉄則である。

稲葉も宮本も自分を磨き、チームの士気を高める能力は高い。しかし、原石の中に素質を見出し、育てる仕事はまだこれからだ。適材適所で活かす経験も持っていない。すでに宮本も稲葉も兼任コーチになっているが、コーチとしての経験を積み上げ、できればよい師を見つけて、その人の言葉にじっくり耳を傾けることが必要になるだろう。

松井にあって、イチローにないもの

私は「外野手に名監督なし」と決めつけはしないが、「名監督少なし」と考えている。そのセオリーからして興味を持って見ているのがイチローと松井秀喜のふたりの外野手だ。

最近、長嶋茂雄とともに国民栄誉賞を受賞した松井は近い将来、どこかの監督、というより読売巨人軍の監督になるのではないかという声が高い。生え抜き以外に監督になったことがなく、それもスター選手ばかりを監督に据えてきた巨人にとって、長嶋監督がドラフトで獲得し、四番に育てた松井は、巨人にとって監督にするのに理想的な人物だろう。

私は松井とじっくり話をしたことはない。ただ、彼のさまざまなコメントやメディアでの受け答えを見る限り、あれだけの実績を残しながら、非常に謙虚な人柄であることは理解できる。

もともと「謙虚」という言葉には跳躍するために一度身をかがめる意味があるという。松井は常に身をかがめ、次の飛躍を期しているように見える。謙虚さは飛躍への準備なのだ。そう考えると監督をやる準備もできていると言えるかもしれない。日本でもアメリカでも悪くいう人の少ない彼は、監督としての資質、人格形成が備わっているのではないか。

では、イチローはどうだろう。選手としては天才である。実績も申し分ない。やや物足りないとすれば、メジャーに行ってから弱いチームでのプレーが長く、大舞台の経験が少ないことだろうが、資格は十分にあるだろう。

だが、イチローは私が考える外野手の典型だ。プレーの関心はあくまでも自分の打撃や走塁にあるように見える。

また、己のスタイル、孤高の姿勢にこだわりすぎる。レベルの低い選手、モチベーションのあまり高くない選手にはほとんど口も利かないと聞いたし、報道陣に対しても特定の記者にしか話をしないとも聞いた。あれだけの実績を残しながら、マリナーズ時代からチーム内で「わがままだ」とよくない評判が混じることもあるのがイチローらしいともいえる。

イチローとは私的なエピソードがある。地方講演に赴くため、私は航空券を予約したが、ある日どうしても指定した一番前の席が取れなかった。その上、機内アナウンスで搭乗が遅れている客がいるため出発できない旨、告げられた。四〇分も出発が遅れた原因は、イチローだった。他の乗客に詫びることもなく、最前列に座って挨拶もない態度に、私は彼の人格を疑わざるを得なかった。

イチローはスタイルや言動は一見すると目新しいが、人気のない球団で長く王様のような地位にあってプレーしてきた選手に共通する唯我独尊的な投手型の性格のにおいが強い。ヤンキースに移籍したのも実はそのコンプレックスの表れではなかったか。

松井と違い、彼は監督になりたいのかどうか、今ひとつはっきりしない。もし監督を目指すのであれば、人望ということについて、深く考え直してみることを勧めたい。


「組織はリーダーの力量以上に絶対、伸びない」

私はこの章のはじめにそう書いた。私が監督を務めていた時代のヤクルトは伸びる組織の条件を備えていたように思う。フロントには相馬社長という腹の据わったリーダーがいた。ベンチでは口うるさい私が目を光らせた。選手は伸び盛りが多かったが、古田、広沢、池山といった中心選手はチームリーダーとして際立つ役割を果たし、土橋、宮本といった選手はリーダーを支え、引き立てる脇役に徹した。

しかし、私は三度日本一になりながら、ついに連覇することはできなかった。優勝と四位を三度繰り返した。これは今でも不思議だが、私が凡人だからであろう。やはり人間、優勝すればほっとする。それが以心伝心し、選手たちも知らず知らずのうちに満足してしまったのか。他球団のぶつかってくる姿勢が違っていたのか。いずれにしろ連覇はむずかしい。それだけに勝って兜の緒を締め続けた川上監督の下で巨人がなし遂げた九連覇は凄まじい記録だったと言える。

阪神という特殊性

ヤクルトのあと、私は阪神の監督を引き受けた。阪神はむずかしいチームだという声はあちこちから聞こえてきていた。しかし、私は、監督就任の要請に来る以上、思いつきで来るはずがない、考え抜いた末にこの人で大丈夫だと思って来るのだから断る理由はないと考え、引き受けることにした。しかし、結論からいえば、やはり球団は選ばなければいけない。企業同様、自分と合う組織と全く噛み合わない組織がある。

阪神は伝統もあり、人気も高い球団である。それを背景にした独特の美点、長所もあったと思う。だが、残念ながら私とは合わなかった。

これは、ひとつに私が長年、人気のない球団を率いてきたことと関係がある。最初の南海は私が選手の頃は関西で阪神に対抗するような人気球団だったが、私が監督を引き受けた頃は、リーグの人気低迷もあって、不人気球団に転落していた。

次のヤクルトは東京で、巨人の裏番組のような存在の球団だった。長く低迷し、熱心なファンの数も少ない。ホームの神宮球場の立地のよさが頼みの綱のような球団だった。

それに対して阪神は巨人を凌ぐような熱狂的ファンの支持がある人気球団である。特に関西での人気は絶大だ。そういう人気球団だけに、メディアの扱いが過去の二球団とは全く異なっていた。

メディア、特にスポーツ新聞は「勝てば官軍」というか、調子がいいと徹底して持ち上げるが、少しでも成績が悪くなると一斉に攻撃に出る。そのとき標的になるのは監督である。記者は選手を悪く書いて取材拒否にでもあうと紙面が作れなくなるので、批判的に書くことはまずない。

代わりに叩かれるのが監督とフロントなのだ。阪神の監督は数年で替わることが多いし、新監督の話題はそれだけでけっこう話題になり、メディアにとって都合がよい。私はこのあたりの仕組みをなかなか理解できなかった。どんなときでも「敗因は監督と球団。選手は悪くない」という論調で紙面ができていく。正直、呆れることが多かった。

阪神では苦い思いをすることが多かったが、代表的なのが今岡誠のケースだ。

今岡はのちに星野仙一監督や岡田彰布監督の下で打撃タイトルを獲ったように、打撃センスにはすばらしいものがあった。しかし、打撃に気を向けすぎて、守備や走塁に頭がいかない。一塁に出ても、隙あらば次の塁を狙うといった姿勢が全くない。

本人からすれば、足が速くないので、無駄な動きはしないということだったのかもしれないが、盗塁は足の速さでするものではない。読みとタイミングさえつかめば、成功する確率は高い。私は今岡以上の鈍足だったが、ホームスチール一つを含め通算で一〇〇以上の盗塁をした。それを考えると、個人の打撃成績にしか関心を示さない今岡の態度が不満でならなかった。

思ったことをすぐ口に出してしまうのは私の悪い癖かもしれない。

「彼は塁に出ても、打率の計算ばかりしているんじゃないか。相手は走ってこないと見てノーマークなのだから、そこをついて盗塁のひとつも試みてもらわないと困る」

その話を、どうやら記者のひとりが今岡本人に教えたらしい。

「野村監督がこんなことを言っていましたよ」

それ以来、急に今岡の態度がおかしくなってさっぱりやる気が見えなくなった。打席に入っても三球見逃してあっさり引き下がってくる。私は部屋に呼んで、ふたりきりになり、「何か俺に言いたいことがあるなら言ってくれ。おまえは不満があるとしか思えない。オレが悪ければ謝る」と言ってもひと言も返事をしない。時間を置いてもう一度呼んで聞いてみたがやはり同じ。やむを得ず二軍に落とすことにした。

似たようなことは他にもあった。メディアが選手の側に立っていろいろなことを吹き込む。選手はいつも正しく、悪いのは監督という視点で書かれるから、ファンも鵜呑みにしてしまう。今岡を二軍に落としたりしたときの私へのヤジは凄まじいものだった。

阪神にはメディアのほかに、もうひとつ厄介な存在があった。熱心なファン、俗にいうタニマチである。老舗球団だけに、おもな選手にはタニマチと呼ばれる個人的な後援者がついていて、選手をあちこち引っ張りまわす。阪神の選手は関西ではどこでもスター扱いだから、そうした選手と友だち付き合いをしているところを見せるのはタニマチたちにとって優越感に浸れる時間なのだろう。

私は阪神でもヤクルトと同じようにミーティングから意識を変えようと試みた。ヤクルトのときは、相馬社長の檄《げき》にしたがって選手たちはみな熱心に耳を傾けメモを取った。ところが阪神でミーティングをするとどうも勝手が違う。選手はみんな時計ばかりを気にする。タニマチと遊びに行く時間が気になるのだ。これではいくら私の野球観、人生観を叩き込もうとしても浸透するはずがない。私は気力が失せる思いだった。

なかなか思い通りにチーム再建が進まず、業を煮やした私は、就任二年目の夏、久万オーナーに直訴に行った。御年八〇歳で、関西財界を代表する阪神電鉄グループのトップ、人生の先輩のオーナーに直接考えをぶつけるなど失礼かとも思ったが、私はそうせずにはいられなかったのだ。

「組織はリーダーの力量以上には伸びないという格言があります」

私はそんな言葉をぶつけた。企業のトップであるオーナーがこんなことを直言されるのは初めてだったろう。

阪神の歴史を見ると、監督ばかりをコロコロ替える。監督さえ替えれば優勝できると思っているのではないか。しかし現代野球の心臓部は監督ではなく編成部だ。編成部門を見直す大改革をやって欲しいと。私は必死に説いた。

今は変わっただろうが、当時の阪神の編成部門にはいろんな噂があった。スカウトなどのカネの使い方に不明瞭な点があるとか、効果的に使われていないなどという話が私の耳にも入っていた。思い当たることもあった。

ヤクルト時代、ドラフトで阪神がある選手を指名する。私の知らない選手なので、ヤクルトのスカウト部長に「阪神がいま指名した選手はいいの?」と聞くと、「監督、阪神の指名選手はノーマークでいいですよ」という答えが返ってきた。チームの強化よりも自分の業績や都合で指名することが多いので、実力的には問題ではないというのだ。

あまりにストレートに球団のウィークポイントを指摘したので、久万オーナーも堪忍袋の緒が切れた。大声で私の言葉をさえぎった。

「君は言いにくいことをはっきり言う男だね！」

痛いところをつかれたのだろう。だが野球に関しては私も妥協しない。

「私は経営のことはわかりませんが、野球に関しては専門家です！」

当時のオーナー代行をされていた阪神電鉄の手塚昌利社長が間に入って双方をなだめてくれたのでなんとか納まったが、私も人生の先輩を怒らせて後味が悪かった。オーナーも問題点は何か知ってくれたが、老舗だけに簡単に改革はできない。結局、私は三年やって阪神を去ることになった。三シーズンとも全てBクラスという成績は、私の力不足もあるが、選手やフロントに人気や老舗意識にとらわれない真のリーダーがいなかったことが低迷の原因だった。

その後、強力なリーダーシップを持つ星野仙一を招いて強化を図り、リーグ優勝を果たすが、最近は長嶋時代の巨人の悪癖を真似たような補強でチームは弱体化している。生え抜きの中心選手、リーダーが育っていない。また、以前の「ダメ虎」の悪しきサイクルにはまり込まねばいいのだが。

阪神は極端な例だが、日本ではいまだに編成部門が重視されているとは言えない。解雇された選手の就職口として「スカウトにでもするか」などといった話が平然と行われている。そういう球団に限って、監督さえ交代させれば強くなると考えがちだ。監督は魔術師ではない。戦力のないチームを采配だけで勝たせることはできないのだ。

アメリカなどはメジャーリーグのスカウトが名刺を見せると大きな敬意を持って迎えられるそうだ。GMを主人公にした『マネーボール』という映画まで作られている。

私は編成部門の責任者、GMのような仕事をやってみたい気持ちがある。監督は長いことやったが、編成担当はない。球団の心臓部で思う存分腕を振るうのも面白いではないか。

楽天経営陣の本質と孫正義オーナーの器の大きさ

この一〇年ほどの間に、新しい企業がプロ野球に参入してきた。ソフトバンク、楽天、DeNAといったIT系の会社だ。

私は楽天で四シーズン監督をやらせてもらった。三木谷オーナーから直々に誘いを受け、そのやる気に心を動かされるところもあったので、ひとつの挑戦として引き受けた。私の就任する前の年、楽天はシーズン九七敗を記録した。断トツの最下位である。いつも最下位のチームを引き受けるのが私の宿命かとも考え、ひとりで苦笑したものだ。

楽天の経営陣は、親会社も球団も若い人が多かった。企業の認知度をあげたいという意欲もそれなりに感じられた。

しかし、それ以上に、野球で収益を上げよう、儲けようという気持ちが強かった。そんな空気を感じたので、私はあえて球団代表に釘を刺した。

「野球という商売は絶対に儲かりませんから」

国民的スポーツなどともいわれるプロ野球だが、何年にもわたって黒字を出している球団は全国的な人気のある巨人、阪神とカネをかけず身の丈にあった経営をしている広島の三球団だけである。他は親会社からの支援でなんとか経営している。というよりも、オーナーの会社が宣伝のひとつと割り切ってやるほか仕方のない事業なのだ。

優勝して強くなれば、選手の年俸を上げなければならなくなる。強くなればなるほど経営が苦しくなる。こんな矛盾した事業は他にない。

ところが楽天の経営陣は、少し順位を上げれば、すぐに採算が取れるようになると考えていた節がある。確かに彼らは球場を積極的に改装するとか、地元密着の企画を打ち出すとか、さまざまな策を実行した。しかし、成果主義というのだろうか、自分たちがこういうことをやれば、こういう収益が上がってくるはずだという利益重視の姿勢が強すぎた。

プロ野球は一朝一夕で強くなるなどということはありえない。私がヤクルトでリーグ優勝したのも就任三年目のことだった。だが、IT同様、スピードと利益重視の楽天の経営陣にとっては、そんな悠長なことでは我慢できなかったようだ。

私は四年目のシーズンにペナントレースで二位になり、球団創設以来初のクライマックスシリーズ進出を果たした。クライマックスシリーズでもファーストステージでソフトバンクを破って、日本シリーズ進出まであと一歩というところまで迫った。

だが、楽天の経営陣はその成績では満足できなかったらしい。いや、成績は問題ないが、球団経営が予想以上に儲からないのを知り、経費節減に舵を切ったのだ。

私とは契約を結ばず、後任には広島の監督だったマーティ・ブラウンが就任した。ブラウンは広島で三年ほど監督をしていたが、優勝どころかチームをAクラスにすることもできなかった。客観的に見てもチームを初めて優勝争いにまで持っていった監督に替えて、万年Bクラスの外国人監督、アメリカでもマイナーリーグの監督しか経験のない人物を呼んできたのは、楽天経営陣の敏感なコスト意識によるものだろう。

私は四シーズン指揮を取る中で、こうした体質につくづく嫌気が差していた。正直にいうと、最後のほうは情熱が薄れていたと言ってもよい。

楽天の経営陣はみな、企業の経営者としては有能なのだろう。だが、プロ野球という理屈では割り切れないような仕事で好結果を出すことには向いていなかったのではないか。財界のリーダーが必ずしも球団のよきリーダーになるとは限らない。

落胆に打ちひしがれた楽天監督最後のクライマックスシリーズだったが、一方で感嘆した出来事もあった。一面識もないソフトバンクのオーナー孫正義氏からの激励の電話である。ファーストステージで秋山監督率いるソフトバンクは、私の率いる楽天に敗れたにもかかわらず、孫オーナーから「二位への躍進、おめでとうございます」という言葉をかけていただいた。敵軍のオーナーが、このような言葉をかけることは前代未聞だ。

一代で世界的なソフトバンクグループを築いた孫正義オーナーの器の大きさに、「真の人格者とはこういうものなのか」と、私は感嘆した。

球界のリーダーには、リーダーとしての特別な形の器が求められる。

第三章　中心なき組織は機能しない

四番打者は育てるものではない

私は、よく他球団が見切りをつけたような選手を活用し、戦力にしたので、「野村再生工場」などと呼ばれた。それは褒め言葉でもあるので、うれしいことではあるが、かといって全て「再生」で賄《まかな》えるとも思っていない。再生というのは高が知れている。エースや四番という主力選手を再生で作り出すことはできない。エースや四番打者になるには天性の部分がかなり左右する。

中心なき組織は機能しない。

私は現役時代、長く四番を任せてもらった。多少は天性もあったのだろう。しかし、天性だけで打っていたのでは、私の打率は二割五分止まりだっただろう。残りの五分をどう埋めて、四番らしい働きをするかが私のテーマであり、そのための努力を惜しまなかった。

私が本塁打王の打撃タイトルを獲って、クリーンアップを任せてもらうようになったのは入団四年目のシーズンだった。テスト生から這い上がり、ブルペン捕手として苦労したので下積みの時間が長かった気もするが、高卒四年目でクリーンアップを打たせてもらったのだから、早いほうだったともいえるだろう。

　球史を見ても、四番打者を球団がじっくり育てたという例はあまり見当たらない。阪神の監督をしていたとき、球団のドラフト戦略があまりにもチームの実情に合わない酷いものだったので、注文をつけたことがあった。

　当時の阪神は、万年最下位の「ダメ虎」だった。エースと呼べる投手、四番を任せられる打者が全く見当たらない。それなのにドラフトではエース候補、四番候補を正面から獲りに行くのではなく、スカウトは指名して入団してくれそうな選手ばかりを選んでいる。これではほんとうの強化にはならない。組織の弱体化の元凶は内部に必ずある。

「エースや四番になるような選手を指名してください。エースや四番は育てられるものじゃありません。他から連れてくるものなんです」

　ところが、この注文に、当時の久万俊二郎オーナーは立腹された。

「監督は、再生工場とか言われて、球界一の育成の名人と思っていたのに、四番を連れて来いなんて……。巨人がやっていることが正しいと言うのですか」

私は反論した。

「田淵幸一、バース、オマリー。阪神が優勝を争ったときの四番は、チームが育てたものですか！　みんなよそから連れてきた選手ばかりじゃないですか。外国人はもちろん、田淵だって、大学を出て、すぐに即戦力で四番を任せられる器だった。チームが育てた四番というのは、テスト生出身の掛布雅之以外にはいないじゃないですか」

阪神だけに限った話ではない。巨人を見たって、四番はすでに出来上がった選手を据えているだけだ。長嶋、王、原、松井、阿部、みんな即戦力として入団している。

西武時代、高卒一年目から四番を打った清原和博だってそうだ。

「将来の四番候補」などと言われて、ほんとうに四番を打つようになった選手など、数えるほどしかいない。四番には器が必要なのだ。

文句なしの四番

四番らしいプレーを貫いた選手といえば、やはりＯＮ、王貞治と長嶋茂雄を挙げなければならない。私は監督としてＶ９を成し遂げた川上さんを最も尊敬し、いつも指針にしてきたが、飛びぬけて勝つことへの執念が強烈だった川上さんをもってしても、王と長嶋のどちらかが欠けていたら、とてもV9は達成できなかっただろう。

「中心選手はチームの鑑《かがみ》でなければならない」

四番やエースの役割を語る時、私が最初に口にするのはこの言葉である。そして話の結論もここに尽きる。

「はじめに」でも触れたように「チームの鑑」という点では、王も長嶋も、文句のない四番だった。

成績だけなら彼らよりも上だった選手がいないわけではない。ただ、野球に取り組む姿勢を見たら、彼らをしのぐ選手がどれだけいたか。

私は現役の頃、王の打撃練習を見せてもらったことがある。場所は巨人の打撃コーチだった荒川博さんのご自宅である。当時、王は試合の前と試合が終わったあと、荒川さんの家で打撃練習をしていた。

王は本塁打王のタイトルを連続して獲り始めていたが、まだ通算本塁打では私のほうが上だった。私は自分を追いかけてきた男がどんな練習をしているか、一度自分の目で確かめてみたかったのだ。

練習している部屋に入ると、まず、独特の緊張感、殺気に驚愕した。それもそのはず、王は真剣をバット代わりにして天井からぶら下がった紙を斬る練習をしていたのだ。合気道の考えを取り入れた練習とのことだった。真剣を振り回すなど、ただでさえ簡単ではないのに、ひらひら揺れる紙を斬ろうというのだからその精神集中たるやただごとではない。見ているうちに、自分のしている練習など遊び半分のように思えてきた。

若い頃の王はなかなかの酒豪で、銀座などにもよく顔を見せていた。あるとき、偶然久しぶりに私と同じ店で顔が合い、仲間も含めていっしょに飲むことになった。九時を過ぎたあたりだったろうか、王はスッと立ち上がり、私のところにやってきて、「申し訳ありませんがお先に失礼します」と言う。理由を尋ねると、コーチの荒川さんが家で待っているのだという。宴たけなわに飲んでいるというのに、これからまた練習しようというのだ。私は引き止めたが、王はサッと帰ってしまった。「付き合いの悪いヤツ」とは思わなかった。むしろ、その意志の強さに驚いた。そのうち、オレの記録は王に抜かれてしまうかも知れんな、と思ったものだ。

もし自分のチームの四番打者が少々酒を飲んだとき、疲れて早く寝たいようなときでも、日課にしている練習をきちんとやり続ける選手だったら、若手はどう見るだろう。きっと強い影響を受け、見習おうとするだろう。「チームの鑑」とはそういうことだ。

王でも長嶋でも、レギュラーシーズンはもちろん、オールスターやオープン戦まで休むことはほとんどなかった。その日にしか試合を見に来られないファンのために、中心選手の自分が休むわけにはいかないという気持ちが強かったのだ。

もちろん、休めばポジションを取られる。ライバルに付け入られるという気持ちも、周囲が考える以上に強かった。だから、余程のことがない限り休まなかった。

現役時代の晩年、私は背中が痛くて、寝返りも打てないことがあった。一晩寝たらなんとかなるかと思ったが、翌朝になってもさっぱりよくならない。

当日はダブルヘッダーが予定されていた。グラウンドに行って、なんとかユニフォームに着替えたが、満足にアップもできない。東京での試合だったので、困り果てて、当時、巨人の選手たちのお抱えの接骨医だった吉田先生を訪ねた。巨人以外の選手が治療を受けるのはむずかしいだろうと思ったが、あれこれ考えている場合でもない。

私は休むという考えを持たなかった。ユニフォームを着られないようなケガや病気なら仕方がないが、曲がりなりにもユニフォームを着てグラウンドに立っているのだ。吉田先生は、最初、巨人の許可をもらってこなければ、診てやることはできないと、治療を渋っていたが、奥さんがとりなしてくれて、なんとか治療を受けることができた。

先生はしばらく背中を見たり触ったりしていたが、そのうち背中の一部をガッと掴んで離した。強烈な痛みだったが、それが消えると、ずっと感じていた痛みがウソのようになくなっていた。

吉田先生の治療を受けたので、ダブルヘッダーの試合開始には間に合わなかったが、九回には代打で出場し、第二試合は先発マスクを被った。中心選手としての使命感、責任感が私をそう駆り立てたのだ。

勝負における〝野性の勘〟

ヤクルト時代、チームの中心になって活躍してくれた古田敦也の血液型はB型だった。それに対して、今、楽天でマスクを被っている嶋基宏はA型である。嶋を見ていると、本に書いてあるA型をそっくりなぞっているように真面目で基本に忠実なリードをする。反面、型にはまりがちで柔軟性がない。困るととにかく安全策で、私が「原点」と呼ぶ外角低めにいきたがる。ベンチとしてはそういうリードをされると打たれても叱りようがない。だが、これではほんとうの勝負にはなかなか勝てない。

それに対して古田はB型の典型で、ときどきベンチから見ると無茶なリードをする。「さっきのは何だ、説明してみろ！」と怒鳴りつけたことが何度もあった。一応本人は説明するのだが、あまり理屈にはなっていない。要するに勘なのだ。何かひらめくものがあってセオリーにないようなリードをする。

だが、土壇場で力を発揮するのは、実はセオリーに忠実なだけのA型のリードよりも、何をしてくるかわからないB型のリードのほうである。

ただB型があまりに強くなりすぎると、周りがついてゆけなくなることもある。長嶋茂雄は我らB型の代表だが、同じB型の私から見ても、理解できない行動を取ることがよくあった。現役時代の狙い球の絞り方なども独特の勘が働いていたようだが、監督同士として対戦するようになっても、驚くことがよくあった。

九回ツーアウト走者一塁で盗塁のサインを出す、などという采配は、どこの国の野球の教科書にも載っていないだろう。

長嶋の采配に関するコメントをよく読むと、「こうなる気がした」「こうなりそうな感じがした」といった表現がよく出てくる。不可解と思われる投手交代の理由を聞かれ、「打たれそうな気がした」と答えていて驚いたことがあった。野性の勘というやつなのだろうが、なかなかわれわれ凡人には理解できるものではない。

もちろん、私にも勘やひらめきというものはある。シーズン中に、何をやってもうまくいくような勘の冴えた時期が必ずあった。反対に、どう動いても全て裏目に出るような連敗が続く時期も必ずあるのだが。いずれにしても、勘だけで長いシーズンを乗り切ることは不可能だ。

「人事を尽くして天命を待つ」

自分はほんとうに人事を尽くし、考えられることを全て試した上に勘に頼っているか、考えることを怠けて勘に頼ってはいないか、監督として私はいつも自問するように心がけた。

エースの絶対条件

四番打者と同じように、簡単に育てられないのがエースだ。一年、二年だけ好成績をあげる投手はけっこういるが、何年にもわたって二ケタ勝利を続け、ローテーションを守ってくれる投手は育てようと思ってもなかなか育つものではない。やはり器というものがあるのだ。

私は、落合采配で物議を醸した二〇〇七年の日本シリーズでテレビ中継の解説をやらせてもらったが、印象に残ったのは負けた試合のダルビッシュ有の投球だった。楽天監督在任中、ダルビッシュとはシーズン中に何度も対戦し、痛い目にも遭っているのだが、ネット裏からその投球をじっくり見て、「こいつはエースと呼ばれるような投手になったな」と改めて感じた。

ダルビッシュの投球を見て感じるのは、「打者を見下ろして投げている感覚」である。私は大投手の条件を、「打者を見下ろして投げる」かどうかにあると考えている。どの打者にも、「打てるもんなら打ってみろ」と、一段高いところから見下ろして投げてゆく態度は、金田正一さんや江夏豊といった大投手が共通して持っていたものだ。その「見下ろしている感じ」が、ダルビッシュにも備わっているようになっていた。

見下ろして投げれば、実は調子などはあまり問題ではない。少々調子が悪くても、格の違いで相手を抑え込んでしまうのだ。二〇〇七年日本シリーズの最終戦、中日ドラゴンズ山井大介の完全試合騒動で話題になった試合で、ダルビッシュは一失点で負け投手になった。しかし、明らかに調子は悪そうなのに、一点しか許さない投球に、エースのエースたる雰囲気が漂っていた。

相手を見下ろして投げるエース、大投手には共通点がある。投球に必ず〝手抜き〟があるのだ。二流の打者、めったに本塁打など打たないような下位打線打者に対してはつい力を抜いてしまう。金田さんは小兵の吉田義男さん（阪神の名ショート）によく打たれたし、江夏豊も巨人戦においては、ＯＮは抑えても柴田勲や高田繁などクリーンアップの前後の打者に打たれることがよくあった。

ダルビッシュも同じで、日本シリーズの際の、一失点は、当時、一軍で三試合しか出場していない中日・平田良介の犠牲フライだった。

〝手抜き〟は決して褒められたことではないが、一概に悪いともいえない。長いシーズン、長い現役生活をコンスタントに投げ抜いてゆくためには、いつも同じペースで全力投球していては保たない。

昔の投手はよく言ったものだ。

「全投球で全力投球するのは二流のすることだ」と。

私は真面目一本やりではエースには向かないと考えている。練習態度がいい加減では困るが、かといって自主トレの初日からシーズン終了の日まで一〇〇パーセント全力投球では故障の可能性も高くなる。どこかで緩急が欲しい。試合にしても同様で、シーズンの中には落としてもさほど響かない試合と、絶対に落とせない試合とがある。落としてもさほど響かないような試合で、無理に頑張って消耗するよりも、落とせない試合で確実に力を出してくれる選手のほうがチームとしては頼もしい。エースとは、監督の期待に七〇パーセント以上応えられる存在でなければならない。逆にいえば、人間一〇〇パーセントの存在価値を常に発揮できるものではない。

「真面目な優等生は大成しない。不真面目な優等生のほうが大成する」

私は講演などで、いつもこんな話をする。

日本人は「一球入魂」とか「全力投球」といった言葉を好む。どんな結果が得られたかよりも、結果を得る過程でどれだけ一生懸命にやったかを重く見る傾向がある。しかし、プロで問われるのは過程ではなく結果だ。いくら一生懸命に「全力投球」しても、打たれて負けてしまったのでは何にもならない。

つまり、一流には余裕がある。自動車のハンドル同様に〝遊び〟があるのだ。力のない人間、自信のない二流投手ほど全力投球にこだわる。何事も目一杯やらないと気が済まない。だが、目一杯やって打たれたときのショックは、余裕を持って臨んで打たれたときの比ではない。逆に、立ち直るのに時間がかかる。

一方、余裕のある「不真面目なエース」のほうは最初から「抜いて」いるから、回復も早い。「おう、打ちよったな」といった感じで、すぐに切り替えができるのである。

私が実際に受けたり、対戦してきたエースの中で、「真面目なエース」だったと思うのは唯一、南海ホークスのエース杉浦忠だけである。

エースと呼ばれる投手たちは、常に「自分が一番」と思っているから、他人と比べられるのが大嫌いで、他の投手のことは平気で悪く言う。だが、杉浦の口から他人の悪口を聞いたことは一切なかった。

エースに限らず投手というのは自分しか頼るものがないから、神経質で自己中心的になりがちだが、杉浦はチームのために自分が我慢するのをいとわなかった。そうでなければ、一シーズン三八勝四敗、日本シリーズ四連投四連勝などという鶴岡監督の無謀な起用に黙って耐えることはできなかっただろう。

頼まれればイヤとは言わない、男にも女にも優しい、ほんとうに「投手らしくない投手」だった。

荒木効果

私がヤクルト監督として最初に優勝を争った一九九二年、荒木大輔は、長い故障が癒えて、ようやく一軍で投げられるようになった。

ヤクルト生え抜きの人気選手だから、監督として当然復帰の舞台には気を遣う。ちょうど、阪神とのセ・リーグ優勝争いの天王山の時期だったから、うまく使ってチームの士気を盛り上げようという狙いもあった。

普通は四年もブランクのある投手だから、敗戦処理か中継ぎでの起用が常套手段である。だが、私は一度リリーフで様子を見たあと、すぐに先発に使った。他の選手にないエースだった男の誇りを、荒木に感じたからだ。

結果は期待以上だった。荒木はよく投げてくれたが、それ以上にファンの盛り上がりが凄かった。「荒木効果」に引っ張られて、他のメンバーもほんとうによく頑張った。九月には九連敗をするなど苦しい終盤戦だったが、阪神・八木裕の幻のサヨナラホームランをレフトの飯田哲也が血相を変えて抗議し、時計の針が零時を回った延長戦を引き分けに持ち込んだ試合は大きかった。こうしてチームの士気が上昇し、接戦をなんとか乗り切ることができたのは、荒木の復活も関係していた。

荒木は外見はおとなしい優男だが、内面は強気で攻撃的ないかにも投手らしい性格の持ち主だった。ケガを克服してきたことに加え、高校一年生から甲子園で活躍し、大舞台の経験も豊富だったので、勝負度胸は抜群だった。

荒木と楽天の田中将大は、顔はだいぶ違うが、ともに優しそうな雰囲気は共通していた。一方で内面に強いものを持っていたのも同じだ。そして逆境で投げるたびに周囲にいい影響を及ぼす点も共通していた。

甲子園のヒーローは、やはりプロに入ってもヒーローであって欲しい。ファン同様、我々だってそう思うものである。

シュートを覚えろ

ダルビッシュ有にしても、田中将大にしても、肉体的な素質には恵まれているし、性格的にも強くしたたかなものを持っていて、日米に分かれて順調にエースへの道を歩んでいる。こういう選手ばかりなら監督、コーチは苦労しないが、実際には、素質には恵まれていながら、己の能力を開花させられず、苦労する選手も多い。

ヤクルトで最多勝や日本シリーズのＭＶＰを取った川崎憲次郎は、そうした選手の代表だった。川崎はヤクルトの投手陣の中では抜群の球威を持っていて、高卒二年目から続けて二ケタ勝利をあげるなど、将来のエースと期待される素材だった。

ところがどうも被本塁打が多い。性格的におとなしく、内角に投げるストレートがどうしても甘くなって狙い打たれる。そのうち故障で一年を棒に振り、すっかり自信を失ってしまった。

私は内角をきちんと攻める投球ができさえすれば、まだまだ通用すると思っていたので、川崎にシュートを覚えるように勧めた。私が現役の頃には、シュートを武器にする投手がたくさんいたのだが、巨人・江川卓の出現以降、シュートを使う投手が少なくなっていた。江川の力量からすれば、ストレートとカーブの二種類の持ち球で十分通用した。その後、なぜか、「シュートはひじを悪くする」という誤解が広がり、あまり使う投手がいなくなっていたのだ。

そんなはずはない。シュートを多投してひじを壊した投手など実際にはあまり聞いたことがない。私はシュート投手として一世を風靡した元巨人の西本聖にシュートがひじに影響するかどうか聞いてみた。

「全然関係ありません。シュートはひじではなく、人差し指にちょっと力を入れて投げるものなんです」

それが西本の答えだった。

私はそれに自信を得て、川崎にシュートの練習をさせた。故障上がりだったこともあり、最初は抵抗もあったようだが、自分の生き残る道はこれしかないと思ったのか、練習に励み、シュートを己のものにした。

それまではストレートとフォーク中心の組み立てだったが、そこにシュートが加わったことで、川崎の投球は一変した。面白いように内野ゴロが取れるようになる。被本塁打も減った。打ちごろの内角にまっすぐが来たと思って打者が手を出すと、内側に曲がってゴロになってしまう。

あまり打者が詰まるので、ベンチから見ていた投手の伊藤智仁はリードしていた古田敦也に、「川崎さんのシュートはどれくらい曲がるんですか」と聞いてきた。伊藤は三十センチほども内側に食い込むと思っていたらしい。古田は「ほんのこれぐらいだよ」と指を五、六センチ広げて見せていた。それぐらい曲がれば、シュートとしては十分なのだ。

いずれにしてもシュートを身につけたことで、川崎は持っていた素質を開花させ、最多勝を獲って、エースと評価されるような投手になった。

彼は今、テレビの解説をしているが、いまだに「ぼくが勝てるようになったのは野村監督のおかげです」などと言う。「あのときシュートを身につけていなければ、ぼくは勝てていません」などとカメラの前で語っていた。いささか面映いが、確かに、あのときシュートの体得に踏み切らなければ、彼の投手生活はそこで頭打ちになっていたかも知れず、彼がいまだに感謝してくれる要因なのかもしれない。

池山への忠告

エースや四番のようなスター選手は、自分がどう見られているか、想像以上に気にするものだ。ファンのイメージを壊してはならないという使命感は大事だが、うわべだけの中身のないイメージばかりにこだわると、本人にとってもチームにとってもいいことはない。

私がヤクルトの監督を引き受けたとき、一番の人気選手といえば池山隆寛だった。豪快なスイングで本塁打を量産するが、一方で三振も外国人並みに多いという選手で、マスコミは「ブンブン丸」などと呼んでいた。

しかし、私には、そうしたニックネームはかえって池山の能力をスポイルしているようにしか思えなかった。バットをブンブン振り回し、三振の山を築けば、メディアやお客さんは喝采するが、チームにとっても彼自身にとっても得るものは少ない。もっと空振りを減らし、確実性を身につけるスタイルに変えるべきではないか。

私は忠告すべきかどうか、かなり悩んだ。私のアドバイスは、彼の持ち味である豪快さを殺すことにはならないだろうか。それにヤクルトきっての人気選手でもある。打撃スタイルを変えて、本塁打の数が半減するようにでもなったら、人気や観客動員に響かないか。

迷った末に、やはり私は忠告することにした。

「ブンブン丸と言われているが、それで気持ちがいいか。ブンブン振って三振ばかりしたらチームはどうなるんだ。もう、そんなニックネームで喜んでいる場合じゃないだろう。お前はチームの柱になってくれなきゃ困る選手なんだ」

おそらくそんなことを言われたのは初めてだったろう。今まで彼の周りには、「豪快なスイングだ」と褒める人はあっても、「そんなに振り回してどうする」などと言ってくれる人はいなかった。それなりの結果が出ているときは、誰でもちやほやしがちなのだ。

反発覚悟の忠告だったが、池山は案外、素直に私の言うことを聞き入れてくれた。そして確実性を高める打撃に変えようと、彼なりに努力した。私がアドバイスして以降は、不名誉な三振王にはならなかった。私のヤクルトでの三度の日本一は、彼の貢献によるところが少なくない。

もし彼が「ブンブン丸」のスタイルを続けていたら、通算本塁打などはもっと多くなったかもしれない。しかし、それではチームメイトの信頼は得られなかったろう。確実性を求める打撃に変えたことで、チーム内の信頼度は確実に高まった。

「ファンのイメージを裏切る」とか、「自分がイメージする打撃じゃない」というように、妙に自分のスタイルにこだわらなかったことが、彼を中心選手として成長させたように思う。

第四章

知略と知略の心理戦

球界も学歴社会か

私が最初に監督になったのは一九七〇年、三五歳のときだった。自分で望んだわけではない。当時、私は南海ホークスの四番で捕手、自他共に認める中心選手だった。その私が、選手兼任の監督を要請されたのは、チームがかつてない危機的な状況に陥っていたからだ。

南海は一九五〇年にセ、パの二リーグに分かれたあと、パ・リーグのリーダーとしてほとんどのシーズンを優勝か二位で終えてきていた。しかし、一九六六年にリーグ優勝をしたあとは徐々にチーム力が衰え、鶴岡一人監督から飯田徳治監督がバトンを引き継いだ一九六九年には初めて最下位という屈辱を味わった。

大エースの杉浦は酷使がたたって一九七〇年シーズン限りでユニフォームを脱ぎ、打者も頼れる選手がほとんどいない。チームを強化しようにも、親会社の南海は大阪では有名なシブちん（ケチ）で、補強もままならない。本来なら外部から優秀な監督を連れてきて再建するのが筋だったのだろうが、そんなカネもやる気もない。そこで一九六九年のシーズンが終わったあと、私に白羽の矢が立ったわけだ。

最初、監督に就任しないかという話があったとき、私は信じられなかった。当時、一二球団を見渡すと監督といえば、三原脩、水原茂、西本幸雄といった大学出の人がほとんどだった。

「野球の世界も結局は学歴社会なのか」

そう感じることが少なくなかった。高卒のテスト生から這い上がった私が、指導者になるなど一〇〇パーセントありえないと思っていた。

ベテランと呼ばれる年齢になっていた私の、将来の夢は野球評論家になることだった。三〇歳を過ぎた頃から、優勝を逃した年は、テレビ局や新聞社から日本シリーズの解説や評論原稿を依頼される。

「これもひとつのチャンスだ」

私はそういう依頼を積極的に引き受けた。自分の野球選手としての能力を全て出し切り、ファンの人たちに野球の奥深さを知ってもらおう。決して喋ったり書いたりするのが得意なわけではなかったが、私はそうした依頼に全力で応えた。幸い反響がいい。

周りからいい評判が聞こえてくれば、こちらも励みになる。

「よし、オレは将来、日本一の評論家になってやる」

そう決心し、今まで以上にひとつのプレー、ひとつの試合を注意深く観察するようにした。そんな積み重ねが監督就任の依頼につながったのかも知れない。

監督就任要請は大変光栄ではあったが、当時三〇代半ばの私は、テスト生から這い上がり、中心選手として摑んだ四番と捕手の座を捨て去る決心がどうしてもつかなかった。一旦、私は就任要請を断った。しかし、球団は諦めてくれない。フロントからの要請は選手との兼任。選手のいない昔の野球ならいざ知らず、常識的にはとてもできるものじゃない。

選手兼任で監督になったときのことを想像してみる。キャンプからシーズン、監督としての仕事に集中しようとすると選手の仕事が疎かになる。不調から抜け出そうと、選手としての練習に励んだりすれば、監督業まで手が回らない。どう考えてもできるものではない。ところが会社は聞き入れてくれない。川勝オーナーじきじきに、「最下位になった南海を立て直すのは、野村君、キミしかおらんのだ。何とか引き受けてくれないか」と説得される。こうなってはもう、断ることはできない。私は、ある条件をつけて、監督を引き受けることにした。

名参謀

ある条件とは、助監督のような仕事もできるヘッドコーチをつけてもらうことだった。その人物の腹案もあった。南海でこの年まで三シーズンプレーしていた元メジャーリーガーのブレイザーが意中の人物だった。

ブレイザーは私に野球を考え直すチャンスを与えてくれた選手である。私は入団二年目に来日したヤンキースを見て、マントルはじめメジャーリーガーのパワーに圧倒された経験があった。しかし、パワーがあまりに凄まじかったので、メジャーの野球というものは、ともすれば力任せの単純なものという考えが私にはあった。当時来日する外国人選手も、一流のメジャーの選手はほとんどおらず、3Aクラスの選手が中心だったから、余計そうしたイメージが強かった。

ところがブレイザーは全く違っていた。彼はカージナルス、ジャイアンツなどでプレーしたバリバリのメジャーリーガーだったが、二塁手というポジションの関係か、実によく考えた緻密なプレーをする。見ていて感心した私はメジャーの情報が知りたくて、何度も彼を食事に誘い、野球談義にふけった。ブレイザーなら選手兼任の私の足りないところを補う参謀になってくれる。ブレイザーがいてくれるなら監督を引き受けてもよい。

オーナーもこの希望を聞き入れてくれて、ブレイザーをヘッドコーチにすることにした。そして一九七〇年、「野村、ブレイザー」のコンビが率いる新生南海ホークスが船出した。

ブレイザーは期待通りだった。彼の考え抜かれた野球は、それまで長く南海のカラーになっていた鶴岡監督流の精神野球、根性野球に染まった選手に確実に浸透していった。

たとえば、ミーティングで彼はあるテーマを選手に問う。

「走者一塁でヒットエンドランのサインが出たらどうする?」

普通の答えは「とにかくゴロを転がす」だ。ところがブレイザーはその答えでは納得しない。「それだけか？」と答えた選手に聞き返す。選手は答えられない。ブレイザーは言う。「転がすだけでは足りない。セカンドとショートのどちらがベースカバーに入るかを読め。そしてカバーに入るほうを狙って打て。それが答えだ」

では、どちらがカバーに入るか読むにはどうするか。「野手の間には必ずサインがある。よくやるのはグラブで方向を示してどちらが入るかを確認するやり方だ。注意深く観察していれば、それで入るほうがわかる」

しかし、話はここで終わらない。

「ふたりの間のサインは、捕手が投手に出すサインを見て出される。つまり、捕手がインコースのサインを出せば、打球はショートに飛ぶ確率が高いから、そのときはセカンドがベースに入る。アウトコースならその逆。だから打者は、野手のサインを見て球種まで予測することができる」

プレーが細かくなった最近の野球からすれば当たり前のようだが、四〇年以上前にすでにこういう考え方を選手に教えていたのだから、やはりブレイザーの野球は先進的だった。ブレイザーに影響され、私は以前にも増して、シンキング・ベースボール、つまり、「考える野球」、頭を使った野球の魅力にとりつかれ、チームとしてそれを推進していった。

何が三冠王じゃ

サラリーマンは、「上司は選べない」などと言われる。野球選手も同じで、監督を選ぶことはできない。私は鶴岡監督の考え方に疑問を感じることが多かったが、だからといって何から何まで鶴岡さんと反対のことをやったわけではない。むしろ、選手との接し方、育成方法などは、鶴岡さんの影響が大きいのではないかとさえ思う。

鶴岡監督は、自分のチームの選手を絶対に褒めない人だった。間接的にマスコミを通じて褒めることはあっても、直接的にはケナして育てる方法論である。忘れられないひと言がある。

「お前は安物の投手はよく打つが、一流は打てんのう」

一流とは西鉄ライオンズのエース、稲尾和久のことである。私は稲尾攻略に手を焼いていた。稲尾のような大投手は、私に限らず、ほとんどの選手が苦手にしているのだが、四番が打てないのは目立つし、チームの士気にも響く。そのことは十分に理解していた。それだけに鶴岡さんのひと言は悔しかった。実際に打っていないのだから、文句を言われても仕方がない。だが、自軍の選手が、苦手を克服しようと苦労している姿は、監督だって見て知っているはずだ。痛いところに塩をすり込むような言葉だと恨んだものだ。

タイトルを獲ったときも、褒めてもらったことは一度もない。

「何が三冠王じゃ。何が本塁打王じゃ。大きな顔をするな」

大監督の目からは、私が慢心しているように見えたのかもしれない。昔気質の人だったから、「実るほど頭を垂れる稲穂かな」というような気持ちを持たせようとする人間教育だったのだろう。

逆に、対戦相手チームの選手はよく褒めた。中西太、山内一弘といった当時のパ・リーグの好打者が打つと、「あれがほんとうのプロじゃ」と絶賛した。「よう見とけ、お前ら」と何度も言われた。選手の育成法には褒めて育てるやり方と、さんざんケナして反骨精神を引き出すやり方とがあるが、鶴岡監督は後者を狙ったのだろう。

監督の影響力

ひとりの選手として鶴岡監督の指導法に疑問を持ち、反発することの多かった私だが、自分が監督になってみると、知らず知らずのうちに鶴岡さんのリーダー像を踏襲しているのに気づいた。身についてしまっていたのだ。

たとえば、私は選手を褒めることはほとんどしなかった。まさに鶴岡式だ。仮に、古田や田中将大を褒める際も、間接的にマスコミを通じてのみであった。ベテラン選手などは、監督がめったに褒めないのをよく知っているから褒められなくても平気な顔をしていた。

私に限らず、指揮官というものは自分が選手時代にプレーした監督の影響を強く受けている。西武や横浜で監督をした森は、明らかにV9の名将、川上哲治監督の影響を受けていた。「石橋を叩いてもなお渡らない」などと言われた慎重な作戦、相手の弱点を徹底的に調べて突いてくる采配、マスコミへのそっけない対応など、ほとんど川上さんのコピーと言ってもよかった。

森と対照的な野球を繰り広げた長嶋茂雄は、川上さんよりも立教大学時代の監督、砂押さんの影響を強く受けていたように思う。長嶋の采配は、「カンピュータ」などと呼ばれるひらめきを重視したものだったが、基本には猛練習で個人の能力を鍛えるという考え方にある。第一次巨人監督時代、秋のキャンプで若い選手を集めて猛練習をさせたことがあったが、あれなどは典型的な砂押式だった。

星野仙一は明治大学の島岡監督直伝の「人間力」野球だろう。時には鉄拳制裁も辞さない厳しさと情に訴える選手起用、その一方で、作戦は投手力を基本にしたオーソドックスなもので、奇策はあまり用いない。

近鉄、オリックスの監督をやった仰木彬は西鉄を率いた三原監督そっくりだった。少し気取って上を向きながら出てくる歩き方、選手交代や抗議のとき、わざと遅れて現れるじらし方、打順をめまぐるしく変える選手起用など何から何まで三原流だった。

こうして見てくると、高校を出てから二二、三歳ぐらいまでの間に仕えた監督の影響が、自身が監督になったときに表れてくる。高校生の頃は、野球のことなど何もわからない。指導者に言われるままにプレーしている。野球の専門知識について考えるようになるのは二〇代前半の間だ。その間に受けた影響は決定的なものになる。

叩き上げとエリート

世間で誤解されていることがある。あまり裕福でない家庭で育った選手は、みな叩き上げと思われることだ。だが、下積み経験のあるほんとうの叩き上げか、それとも早くから才能を見出された野球エリートかは、実は生まれや育ちとはあまり関係がない。

たとえば、私の現役時代、最大のライバルだった稲尾和久。彼は私の二学年下で、頭脳を使った投球のできるほんとうの一流投手だった。彼との対戦の中で学んだことは数多く、私を一人前の打者のレベルに引き上げてくれた恩人のような存在といってもよい。

彼は大分県のあまり裕福でない漁師の家の息子で、幼い頃から父親の漁を手伝い、艪を漕ぐことで足腰を鍛えて大成した叩き上げだ、と言われている。だが、私からすれば、彼などは叩き上げどころか、最初からきらびやかな才能を見せつける代表的な野球エリートだった。

確かに彼は新人の年、二軍からスタートしている。しかし、二軍にいたのはわずか一カ月だけだった。その間に登板したのが、我が南海戦である。私は入団三年目で二軍暮らしだったから、のちの大投手と二軍で対戦したのだった。稲尾が二軍で投げたのは生涯でこの南海戦だけだったはずだ。

打席に立って驚いた。これが新人の球か。スピードはあるし、スライダーは鋭く切れる。おまけにコントロールが抜群ときている。手も足も出なかった。

稲尾はすぐに一軍に引き上げられ、一年目に二一勝をあげて新人王になった。それ以後の活躍は改めて言うまでもない。新人の頃から、プロで大成するのに必要なものを全て持っていたほんとうのエリートだった。

私の楽天監督時代、二〇〇七年に入団した田中将大も野球エリートであることは間違いないが、その田中が一年目に挙げた勝ち星は一一勝、稲尾のほぼ半分である。登板試合数が過剰だった時代と単純に比較はできないが、稲尾の素質のすばらしさの一端がこの数字にも表れている。

私が入団したての頃は、スポーツ選手の映画が盛んに作られた。稲尾も「神様、仏様、稲尾様」になってからは、『鉄腕投手　稲尾物語』というタイトルの映画が作られた。しかし、映画にするなら、私の歩んできたプロセスのほうがずっと劇的で面白いのにと思ったものだ。せいぜい、少年時代に海に出て艪を漕いだ経験だけで、私がした血反吐を吐くような練習はしていないはずなのだ。

私は野球人として、稲尾を尊敬することでは人に劣るものではないが、非エリートの叩き上げのように見ることだけは承服できない。

一流が一流を育てる

稲尾についての思い出は、とても短いページに表現し尽くせるものではない。プロでのキャリアは私のほうが二年先だったが、彼は新人の年からすぐに頭角を現し、二一勝をあげて新人王、一シーズン四二勝の偉業を成し、日本シリーズの優勝にも大きく貢献した。テスト生で入った私などと違い、プロに入ったときからすでに大投手だったと言ってもよい。

稲尾ほどの投手を簡単に打てるはずはない。私も苦労した。特に私の南海ホークスと稲尾の西鉄ライオンズは常にパ・リーグの優勝を争うライバルチームだったので、南海の中心打者である私は、稲尾攻略を誰よりも求められた。

稲尾を攻略するにはどうするか。いろいろ知恵を絞る中で、打者としての私は成長することができた。

「一流が一流を育てる」という言葉がある。一流がいるから、一流を倒そうと努力する。なんとか互角の勝負に持ち込もうと手を尽くす。稲尾は後輩だが、私からすれば、「一流のレベルに引き上げてくれた恩人」と言ってもよい。

稲尾はコントロールは抜群だったが、球の速さはたいしたことはなかった、などと言う人がいる。とんでもない話である。その頃スピードガンはなかったが、一五〇キロは出ていなくても、常時一四〇キロ台後半のストレートは投げていたのではないか。それに彼の投球にはキレがあった。スピード表示があったとしても、その表示よりも打者の感じる感覚はずっと速かっただろう。

そしてスライダーとシュート。特にスライダーは今多くの投手が投げるカーブとスライダーの中間のような半端な変化球ではなく、きれいに横に滑ってストライクゾーンをよぎり、ボールゾーンに逃げてゆく、厄介な球だった。

その上、稲尾には他の投手にない厄介な特徴がもうひとつあった。どんな球種を投げるときでもフォームが同じで、クセを見つけるのがきわめてむずかしかったのだ。

通常、投手は緩い変化球を投げるときは、注意して見ていると、どこかでフォームが緩むものだ。また、球種によって、ステップの方向が微妙に変わったり、肩の開き具合に違いが出たりといった特徴が表われる。打者は、それらを観察することで、狙い球を絞ることができる。

ところが、稲尾は常にクセのない安定したフォームで違った球を投げ込んでくる。打者はフォームを見て狙いを絞るのが困難になる。

さらに稲尾はコントロールの絶妙さから、審判までも味方につけた最初の投手だった。

何をとっても、打者からすれば厄介な存在の投手だったのだ。

私は稲尾と対戦し始めた当初は、手も足も出ないという感じではなかった。対戦二年目の一九五七年など二五打数一〇安打、本塁打一本、打率四割と打ち込んでいる。

しかし、西鉄が奇跡的な追い上げで南海を逆転して優勝した翌五八年は三二打数六安打、三振一〇個、打率一割八分八厘とほぼ完璧に抑えられた。稲尾は優勝を争うライバルチームの四番ということで、私を徹底的にマークしたのだろう。次の年もやはりさっぱり打てず、いよいよ手も足も出なくなった。

その頃の私は徐々に配球パターンを読んだり、投球フォームの特徴を見つけたりといった考える打撃を実践するようになっていた。いくら稲尾といっても、どこかに攻略の糸口はあるはずだ。

私はつてを頼って稲尾の投球フォームを一六ミリのフィルムに撮影してもらい、それを部屋に持ち帰って研究することにした。家庭用のビデオはもちろん、簡単に撮影できる八ミリさえまだ出ていなかった頃の話である。その時代に、映画を撮るように相手投手のフォームを撮影し、自分の部屋で見ていたのだから、周りからはずいぶん大げさなことをすると思われただろう。しかし、私にとって稲尾は、それくらいやっても攻略したい相手だったのだ。

最初の感じでは、稲尾のフォームには特徴は見当たらなかった。きれいな安定したフォームで、違った球を投げ込んでいる。だが、フィルムが擦り切れるまで繰り返し見ているうちに、かすかなヒントが見つかってきた。ワインドアップして頭上で両手を組む際に、ボールの白が見えるときと見えないときがあるのだ。さらに注意して見ると、ボールの白が見えないときは内角には来ない、白がわずかに見えるときは一〇〇パーセント内角に来るという特徴がわかった。

「これだ！」と思った。稲尾の武器はシュートとスライダーだ。内角に来ないとわかれば、外角のスライダーかストレートに的を絞ればよい。反対に内角に来るとなれば、シュートを打つ用意をしておけばよい。この特徴を発見したことで、対戦成績は確実に向上した。

当時の投手は大胆なもので、ボールの握りを隠すような細かい注意はしなかった。私はそこに着目し、クセを読み取って、大いに打ちまくっていた。さすがに稲尾はそこまでのんきではなく、ちょっと見ただけでは握りなどわからないような投げ方をしていたのだが、一六ミリカメラを使ったしつこい分析で、特徴を見つけることができた。

オールスターは野村との戦いだった

これは私にとって大きな財産だった。当然、秘密は独占する。自分が見つけた宝物を、むざむざ人に分けてやるつもりはなかった。

ところが、思わぬところから、私が大変な宝を隠し持っていることが発覚してしまう。

ある年のオールスターのベンチ。私とチームメイトの杉浦忠、そして稲尾の三人が並んで腰掛けていた。他愛のない雑談をしていたのだが、突然杉浦がドキッとするようなことを稲尾に言い出した。

「なあ、知ってるか。野村はなかなかよく投手を研究しているんだぞ。サイちゃん（稲尾のニックネーム）のフォームだって一六ミリで撮って分析しているんだから」

私が目で必死に止めるのもきかず、杉浦は私の稲尾対策をペラペラしゃべってしまったのだ。ふだん穏やかな稲尾の表情が、一瞬険しいものに変わった気がした。

その場はそれっきりになったが、私は穏やかではなかった。稲尾が自分のフォームを研究されていることを知った以上、彼は私と対戦するときは、今まで以上に用心深く、クセを出さないように注意するだろう。せっかくの苦労が水の泡になるかもしれない。

私は杉浦を恨んだが、杉浦に悪気がないことは彼の性格から十分わかっていたから、あえて文句は言わなかった。他の選手なら一戦交えていたかもしれない。

オールスターのあと、稲尾との対戦がやってきた。私は前と同様、注意深くワインドアップを見た。かすかにボールの白がのぞいた。内角だ。私はシュートに狙いを絞った。ところが、稲尾が投げてきたのは外角のきわどいところに滑ってゆくスライダーだった。

さすが稲尾と言うべきだろう。このことをきっかけに、「野村は対戦する投手のクセを割り出し、それで球種やコースを絞っている」という評判が広がるようになった。そうなると、いかに鷹揚《おうよう》な昔の選手でも、ワインドアップの時にはボールを隠すようになる。せっかく苦労して見つけたクセも、また一から探さなければならなくなった。

最初はがっかりしたが、そのうち私は「クセを読む」という評判が広がったことを気にしなくなった。相手がそれに何か対抗手段をしてくるなら、こっちはその上を行けばよい。知力と知力の戦い、それがプロなのだと思うようになった。

稲尾とはオールスターで何度もバッテリーを組んだ。長嶋や王を相手にずいぶん投げたはずなのに、ほとんど打者を打ち取った印象がない。それは、私が打者を打ち取るよりも稲尾の手の内を読むことに神経を費やしていたからだ。

当然稲尾も、それは承知だった。だから、私の出すサインどおりには絶対に投げてこなかった。腹の探り合い、化かし合いである。だが、それは野球の楽しさを感じることのできる楽しい探り合いだった。後年、稲尾も自著の中で、同様の感慨を述べている。

「オールスターは、野村との戦いだった。だから、セ・リーグの打者の記憶がほとんどない」と。

長嶋茂雄と村山実、王貞治と江夏豊など、好打者と好投手が互いに影響を受けて高め合うような関係は過去にも数多くあった。最近では、イチローとダルビッシュの対決がそう言えるだろう。もしかすると、私も誰か投手のよき刺激剤になっていたかもしれない。好投手は好打者を作る教師であり、好打者も好投手を作る教師だ。稲尾は私にとって最高の教師だった。

イチローを封じた情報戦

野球は体力だけではなく知力の戦いでもある。また情報戦という側面も見逃せない。今の時代はメディアが過剰なほど発達しているので、これを使った情報戦も必要になってくる。

メディアを使った情報戦で私が今でもうまくいったと思っているのはイチローを封じ込めたことだ。

一九九五年の日本シリーズは、私の率いるヤクルトと仰木彬監督のオリックスの対戦だった。オリックスには前の年、突然登場した天才打者、イチローがいた。実質的な一軍デビューの年、史上最多の二一〇安打を打って首位打者になったイチローは、この年も独走で首位打者を獲り、打点王も獲得していた。本塁打も三位だから、三冠王に限りなく近い。

オリックスに勝つにはただひとつ、イチローを抑えることが必要だった。イチローを封じ込んでしまえば、オリックス攻略は七割がた成ったようなものである。

私はヤクルトのスコアラーたちに命じて、イチローを徹底的に分析し、弱点を見つけ出すように命じていた。ところが、早くからイチロー攻略のデータを集めるように言っておいたのに、シリーズが目前になっても、はかばかしい答えが返ってこない。

「監督、イチローを抑えるような攻略法はありませんよ。ある程度打たれることを覚悟して、作戦を組み立ててもらえませんか」

イチローのような天才だから、そういう結論になるのもやむを得なかったかもしれないが、もちろんそれでは短期決戦を戦えない。私はスコアラーたちの尻を叩き、もう一度徹底的にイチローの分析をするように注文を出した。それでも、返ってくる結論は同じだった。

これにはさすがに困った。イチローにこれといった方針も持たずに立ち向かうのはあまりに危険すぎる。困り果てていたところ、あるテレビ局から出演依頼が舞い込んだ。日本シリーズを前にしてのインタビューだという。

私は、舞い込んで来たこの機会を、イチロー攻略に利用することにした。テレビを通してイチローに、こちらの「手の内」を明かしてしまうのだ。そうすれば、イチローは当然、こちらの策を意識して、打ち取られないように対応しようとするだろう。それが付け目である。「手の内を明かす」といっても、そもそも攻略法が見つかっていないのだから、手の内などあるはずがない。言ってみれば、ポーカーのブラフである。

収録が始まると、予想通り、インタビュアーは、「イチローの攻略法は、どんな手を考えていますか」と聞いてきた。私は、さも研究し尽くしているかのように、自信たっぷりに答えた。

「ああいう強打者、特別な打者には、逃げていたのでは必ず打たれる。それなら思い切って危険を承知で内角を突くしかないと思っています」

私の発言はテレビはもちろん、翌日のスポーツ新聞でも大きく取り上げられた。「野村ヤクルト、イチロー攻略は内角攻めで」といった内容の見出しがスポーツ紙に躍った。おそらくイチローも見ていたはずだ。

いざシリーズが始まってイチローの打席を観察してみると、明らかに内角に意識過剰になっているのがわかった。私の発言が効いたのかどうかはわからないが、内角を攻めてくるだろうという読みが、イチローにはあったのだ。

しかし、私は投手をリードする古田と全く違う攻めを考えていた。内角を意識しているイチローに対し、内角のストライクゾーンは避けて、全てボールを投げる。そして勝負は外角の球で。それが私が古田に命じたイチロー崩しだった。

この作戦が最後まで通用するとは思っていなかった。イチローのような鋭い感性の打者なら、必ずどこかでこちらの意図を見抜くはずだ。しかし、日本シリーズは長くて七戦、先に四つ勝ったほうが勝ちである。出足でイチローがつまずいてくれれば、オリックスの勢いはそがれ、ヤクルトがシリーズの主導権を握れる。イチローが目を覚ました頃にはシリーズの勝敗が決している。そんな図を、私は頭に描いていたのだ。

計算通り、イチローはシリーズの出足でつまずいた。ヤクルトの投手陣は第一戦、第二戦を合わせて七打数一安打とイチローを完全に封じ込んだ。

その後、徐々にこちらの攻め方に対応してきたイチローは、第五戦には本塁打を打ったが、それは最終戦の勝敗が決したあとの「意地の一発」に終わった。

イチローを打率二割台に抑え込んだこのシリーズは、私にとって会心の勝利のひとつである。

もしあの時、テレビ出演の依頼が来なかったら、そして、それをイチローへの情報戦として利用するアイデアが浮かばなかったら、シリーズの勝敗はどう転んでいたかわからない。

知略と知略の激突！

知略と知略のぶつかり合いとして、忘れられない戦いがある。一九九二年の日本シリーズだ。この年、私の率いるヤクルトスワローズは大混戦を制してリーグ優勝を果たし、日本シリーズに臨んだ。相手は森祇晶監督率いる西武ライオンズである。当時の西武は二年続けて日本シリーズを制し、黄金時代の頂点にあった。打線は、清原、秋山、デストラーデの大砲に、石毛、辻、平野などの曲者がうまく絡み、どこからでも得点できる隙のない構成、投手陣も渡辺久信、郭泰源、工藤公康、石井丈裕の強力先発陣に鹿取、潮崎のリリーフと万全で、ようやくリーグ優勝にたどり着いたヤクルトでは、とても勝負にならないだろうというのが前評判だった。

私は戦う前の常として、西武の戦力分析を始めた。スコアラーを総動員してデータを集め、私自身も友人である近鉄の仰木監督から情報収集を試みた。

分析の結果は絶望的だった。どのデータを見ても、ヤクルトが勝てる要素がないのだ。私は覚悟を決めた。勝ち目はないかもしれない。ただ恥をかくのだけはイヤだ。セ・リーグの覇者として、日本シリーズの歴史に汚点を残すような戦いだけはやるまい。そう決心して臨んだ。

野球は他のスポーツと違い、弱者でも戦い方によっては勝者になれる意外性がある。そこに賭けてみよう。

選手には「謙虚さを忘れるな。できることを精一杯やろう」ということだけを言った。

私の気持ちは選手たちもしっかり感じ取ってくれた。その結果、「史上に残る名勝負」と言われるような熱戦を繰り広げることができた。

予想外の接戦になった理由のひとつが、ヤクルト岡林洋一のあのドロンッとしたカーブが、西武打線に想像以上に有効だったことがある。西武打線はスライダー、シュートの横の変化には強いが、緩急には弱い。もしかしたら岡林は面白いかもしれない、というかすかな期待が私にはあった。岡林は七戦中延長戦二試合を含む三試合に先発登板し、三〇イニングを投げ抜き、防御率一・五〇の大車輪の活躍をしてくれた。

聞くところによると、このシリーズを収めたDVDはいまだに野球ファンに高く支持されているという。ある野球部門売り上げランキングでは、二〇〇六年のWBC優勝のDVDに次ぐ二位に入ったそうだ。二〇年以上年も前のシリーズの印象がいまだに忘れられずにいるのだとしたら、戦いの当事者としてこれほどうれしいことはない。

戦力的には比較にならなかったが、わずかに付け入る隙があるとすれば、相手の監督が森祇晶であるという点だった。森監督を侮ったわけではない。敵将としてこれ程、やりにくい相手はいなかった。お互い手の内を知り尽くしている。ただ、彼とは巨人V9の時代から何度も野球論、捕手論を戦わせてきた友人同士で、相手の発想は大体掴んでいる。監督心理も外国人監督や交流のない若い監督よりは推測しやすい。そこにわずかにつけ込む余地があるような気がしたのだ。

しかし、森監督はさすがにしたたかだった。私たちは、事前に西武の投手陣を分析し、シーズン終盤に故障したらしい工藤公康は先発に起用しないだろうと読んでいた。西武もシリーズ序盤は工藤を出さず、森監督も「起用しない」といった煙幕を盛んに張り巡らせていた。

ところが第六戦、西武は突然工藤を先発させてきた。これには驚いた。

「タヌキめ！」と舌打ちしたくなる気分だった。幸い打線が頑張って工藤を早々と引きずりおろし、最終的にはこの試合には勝つことができたのだが、もし工藤にしてやられていたら、悔しさは倍増していただろう。

森監督と私はキツネやタヌキに譬えられたが、私から言わせれば、人を化かし、自分も化けてしまう点でタヌキは森監督のほうだと思う。私は知略は使ったが自分は化けたりしない点で、キツネだと、密かに思っているのだが。

○・一秒喜ぶのが早い！

この日本シリーズで忘れられないのは、第七戦七回裏の攻撃だ。一対一で迎えたこの回、ヤクルトは絶好の勝ち越しのチャンスを迎えた。

西武の先発、石井丈裕から三本の安打を集めて一死満塁、ここで勝ち越せば、残り二回を抑えてシリーズ優勝が手に入る。安打なら申し分ないが、外野飛球でも十分という場面である。ここで私は代打にベテランの杉浦亨を送った。杉浦はこのシリーズの第一戦、延長の場面で、代打サヨナラ満塁本塁打という離れ業をやってのけた選手である。

チームにツキはある。勢いもある。杉浦の大事な場面での強さも第一戦で実証済みだ。悪くても外野飛球は打ってくれるだろう。そう踏んで代打に送った。

マウンドの石井もさすがに緊張しているらしく、コントロールが定まらない。カウントは三ボール一ストライクになり、押し出しまで見えてきた。こうなれば、バッテリーの配球はストレートしかありえない。そして注文通りのストレートが来た。

おそらく杉浦は予想通りのストレートが来て、「しめた！」と思ったのだろう。その瞬間、ボールを叩くことよりも、ライトスタンドに飛び込む満塁本塁打のことが頭の中に浮かんでしまった。その分わずかにボールの上っ面を叩くことになった。打球はあえなく二塁ゴロ。みすみすチャンスを逃してしまった。

私は杉浦がベンチに戻ってきた際、「〇・一秒喜ぶのが早い」とイヤミを言った。時間にすれば、ほんとうに〇・一秒ほどのタイミングで結果を先に思い浮かべ、スイングが上ずってしまったことで、打てる球を凡打にしてチャンスを逃してしまった。それが悔しかったし、これが今のヤクルトの姿だ、まだまだヤクルトの選手は教えなければならないことがたくさんあるなと実感した。

重要な場面ほど詰めを誤ってはならない。結果を先回りして考えず、プロセスに全精力を傾けさせなければならない。最後の瞬間まで全力でやれることをやる。それを教え込まなければ、こうした失敗はまた起こるだろう。わずか〇・一秒の心理のぶれ。それがもたらしたものの大きさを、思い知らされたプレーだった。

転んでもタダでは起きない

杉浦の打った二塁ゴロにはまだ続きがある。絶好のホームランボールを打ち損じた二塁ゴロだったが、転んだ方向はかなりきわどく、二塁手の辻はかろうじて捕球してむずかしい体勢で本塁へ返球した。私はベンチで見ていて、本塁はクロスプレーになる、「しめた!」と思った。

ところが、三塁走者の広沢克己は悠々アウトになってしまった。私は呆然とした。なぜ、クロスプレーにさえならなかったのか。そうしてなぜ、あそこまでスタートが遅れたのか。

封殺された広沢が戻ってきたので、私はスタートが遅れた理由を問い詰めた。

「あのセカンドゴロで悠々アウトなんて、どういうわけだ!」

「ライナーに気をつけていたもので。ゴロだと確かめてからスタートしたんです」

広沢の言うことにも一理あった。確かに一死の場合、三塁走者はライナーに注意しなければならない。飛び出してライナーだったら併殺になって大きなチャンスを失うからだ。しかし、いつもそれでは困る。特に、あと一点で試合ばかりかシリーズの勝敗まで決まってしまうという最重要場面で、そこまで慎重にやったのでは、とても得点の機会は得られない。

これは私にとっても、なかなかいい勉強になったプレーだった。セオリーに基づいたプレーは大事だが、いつもセオリー通りでは勝機は開けない。時にはギャンブル覚悟で打球が飛んだのと同時にスタートしなければならないこともある。ましてや相手は王者西武だ。

ここから新戦略の「ギャンブル・スタート」という考え方が生まれた。今ではどのチームもこうした考え方を採用するようになっているが、最初に言い出したプライオリティは私にある。この広沢の封殺で、作戦面の新しい考え方を採用することができた。

杉浦の心理のぶれといい、ほんとうに教訓の多いプレーだった。

結局、この日本シリーズは戦前の予想に反してヤクルトが健闘し、第七戦までもつれ込んだ末に西武が勝った。敗れた悔しさは当然あったが、シリーズ前に心に決めた「歴史に汚点を残すような戦いだけはやるまい」という誓いは守ることができたのではないか。

ヤクルトは、翌年西武を破って日本一の栄冠を勝ち取った。その後、私のもとでさらに二度、日本一を果たす。しかし、多くの教訓を与えてくれた点では、敗れたけれど、この西武との最初の戦いの印象が強い。

第五章　捕手革命

同志

巨人V9の監督、川上哲治さんは、日本シリーズの際、レギュラー捕手の森祇晶を私のもとに遣した。パ・リーグ対戦相手、阪急ブレーブスの情報を、私から仕入れようとしたのだ。

では私はパ・リーグの優勝チームの情報を巨人に流すスパイのようなことをしていたのか。誤解されると困るので断っておくが、私はあまり巨人の役に立つような情報は教えなかった。誰でも気がつくような一般的な情報を教える程度にとどめた。当時はセ・リーグとパ・リーグの対抗意識が今よりずっと強かった。ふだんはライバルとして戦っているパ・リーグのチームだが、その弱点をセ・リーグの代表の巨人に教えるのは抵抗があったのだ。

「ノムさん、あそこはどうなってるの?」

「そんなこと、お前、全部知ってるやろ」

お互い承知の上なのだ。

だからといって、森がすぐ帰ってしまうわけではなかった。それどころか、話が長くなり、時には徹夜になることもあった。私は酒が飲めないし、森も特に酒好きではない。それでも話が長くなったのは、話題が尽きなかったからだ。テーマはズバリ捕手論、野球論である。

我々が若手の頃、一九五〇年代から六〇年代の野球は投手の試合に占める比重が今よりも格段に大きかった。勝敗を決めるのは投手。だから、とにかくエースを押し立てて戦う。西鉄の稲尾や南海の杉浦が年間三〇勝を超えるような勝ち星をあげたのは、そうした投手依存、エース至上主義の考えが強かったからだ。とにかく投手がいい球を投げていれば試合は勝てる。捕手はそれを黙って受けていればいい。鶴岡監督が私をレギュラー捕手にしたのも、打撃に加え、私が頑丈そうで、簡単には壊れないように見えたからだ。

「足が遅くて体は頑丈、変に頭を使おうなどと考えたりしないアホなやつを捕手にすればいい」

鶴岡監督に限らず、多くのチームの首脳陣が、そう考えていたのではないか。

私も森も、そうした考え方に強い反発を感じていた。私はブルペン用の「壁」として採用された男である。テスト生からレギュラーの座を掴み、チームの中心選手と言われるまでになった。森のほうも、最初からレギュラーの座を約束されてプロに入った選手ではない。二年上には藤尾茂さんという強肩、強打の捕手がいたし、レギュラーを取ってからも、球団がつぎつぎに入団させる大学卒の有望捕手を向こうに回し、ポジションを守らなければならなかった。

ふたりとも捕手の仕事は受けたり投げたりするだけではないと確信していた。いくら球威のある投手でも、打者が狙っているところに、狙っている球種を投げたら打たれるに決まっている。状況を考え、打者の狙いを読み、投手の状態も判断して、一番いい攻め方を組み立てる投手リードこそ捕手の一番大事な役目だ。

「野球を知らないヤツが多いな」

「ほんとにそうだ」

ふたりの実感だった。

指一本で勝負が決まる

そもそもプレーボールがかかったところで、捕手がサインを出して投手がうなずかなければ試合は始まらないではないか。

野球の勝敗の中には、必ずキーになる「この一球、この場面」がある。そのキーになる場面で、捕手が指を一本出すか、二本出すかで試合の方向はガラッと変わる。逆に言えば、試合を決めるキーは捕手だけが知っているということだ。

捕手は脇役ではないという考えは入団四、五年目頃に芽生えた。当時私はエースの杉浦と遠征で同室になることが多かった。昔の遠征は二人部屋、三人部屋が当たり前だ。毎日宿舎でも球場でも顔を合わせていると、もう、話すことなどなくなるのだが、負けた試合の日だけは違った。

杉浦とふたりで、「あそこはなぜまっすぐで行かなかったんだろう」とか「あのコースに投げて打たれたのは狙われていたからなのか」といった反省会を開く。話は尽きなかった。

杉浦は私が二七年間の現役生活で受けてきた数多くの投手の中で、最高の投手だった。球威もコントロールも、打者に立ち向かう勇気も杉浦以上の投手はいなかった。

その杉浦でも打たれるときには打たれる。コースが甘かったり、相手が狙っている球をみすみす投げ込んだりすれば、いかに大投手とはいっても、打たれてしまうのだ。

二流以下のピッチャーであれば尚更である。捕手のリード次第で、戦局は大きく変わる。私は大投手より、むしろ二流以下のピッチャーのリードに捕手冥利を感じていた。

投手がしっかり投げて抑えれば勝ち、打たれたら負けという単純な考えでは、どんな大投手を擁していても優勝を争うようにはならないだろう。

どうやって勝つか。その時、ハッと気づいた。捕手だ。捕手の役割は来た球を受けるだけじゃない。打者が何を考えているかを観察して、相手の狙いを外し、弱点を突く。そうすれば打たれる確率は当然、低くなる。

指一本で投手を導き、試合を演出する。捕手は演出家やオーケストラの指揮者みたいなものではないか。

森との出会いは、そうした考えの持ち主が私だけではないことを教えてくれた。同じように捕手の仕事のたいせつさを理解し、周りにも認めてもらおうとしている人間がいる。それがわかると、森との野球談義はいっそう楽しくなった。

私たちがいろいろな話の中で得た結論、捕手の役割で最も大事なことは、「敵を知るには己を知る」ということだった。孫子の兵法で言う「敵を知り己を知り、地の利を活かせば、百戦殆《あや》うからず」という例の格言である。ともかく、相手をしっかり研究する、捕手にとっては打者分析をすることがいちばん大事なんだ、ということで一致した。

私は、ベテランになるにつれて、日本シリーズのゲスト解説に呼ばれたり、新聞や雑誌にコメントを求められることが多くなっていった。そういうときには、意識して捕手の役割、試合の演出家としての捕手の顔を強調するようにした。もちろん、自分の仕事にスポットが当たって欲しいということもあったが、捕手の仕事に注目してもらうことで、投手が力任せに投げて、打者がバットを振り回してそれを打ち返すといった単純な野球から、もう少し頭を使った、奥の深い野球をして欲しい、そういう野球があることを知って欲しいという気持ちが強くあったからだ。

私が捕手の役割を強調したことは、いってみれば「キャッチャー革命」だった。捕手にスポットが当たることで、「野球はこんなに奥の深いものなのか」と気づかれたファンの方も多いのではないだろうか。

セ・パ両リーグに渡って、キャッチャー革命を起こそうと森と私が徹夜で議論した夜が明けて数十年が経つ。日本シリーズなどでよく「捕手の対決」などというキャッチフレーズを目にする際、深い感慨を覚える。

騙されてもいいです

ヤクルト黄金時代、古田敦也がクリーンアップを打つような打者に成長できたのは、捕手としての「情報分析」の成果といえる。私はレギュラーで起用するようになると、ベンチでは彼を自分の側に座らせて、「この一球を説明してみろ!」と徹底して配球の原理原則を教え込んだ。相手の心理の読み方も手ほどきした。「情報分析」を積み重ねることで、古田は、相手バッテリーの投球を読み、狙いを絞る技術を身につけていったのだ。

もうひとつ打撃が向上したのは彼の性格も関係している。彼は「のび太くん」などというニックネームとは裏腹に、思い切りがよく、強気な性格だ。ストレートに狙いを絞ると、もう、躊躇なくストレートと決めて打ちに行く。普通は読みでストレートという答えを導き出しても、なかなかそれ一本には絞れないものだが、古田には迷わない思い切りのよさがあった。

捕手はサインを出したあと、キャッチャーボックスの中で左右どちらかに寄って構える。その動きを見てコースはだいたいわかる。古田が非力な頃に、よくベンチから捕手の動きを声で知らせることをした。打者の中にはそういう情報をやると、かえって迷ってしまい、いい結果の出ない選手もいるが、古田は迷うことがないので、こうしたアドバイスが有効だった。

私たちのアドバイスがあまりに有効だったので、巨人の捕手だった村田真一などは、よくこちらのベンチを睨みつけたりした。それでも効果がないとわかると、内角に構えておいてわざと外角に投げさせたり、構えに入るのをうんと遅らせるといった対策を採るようになった。そうなると、古田に知らせてやるのもむずかしい。

「裏を行こうとしたりするから、教えると騙されるかもしれないぞ」

心配して声をかけたが、古田ははっきり言い切った。

「騙されてもいいです」

いかにも古田らしい答えだった。

捕手的性格

捕手というのは受身の仕事だ。いろいろな気配り、思いやりが求められるポジションなのだ。どんなときでも自分が前に出て、「オレだ、オレだ」と主張するような性格は捕手向きとはいえない。最近は、あまり女性的、男性的などといった言い方はしないのかもしれないが、私から見れば、どちらかというと、いわゆる「女性的」な性格の持ち主のほうが捕手には適性があるように思える。

ところが古田は風貌とは正反対の男性的で攻撃的な性格だった。打席での読みにしても、あれこれ迷わずスパッと決めて打ちに行くところは男性的だった。こうした性格の持ち主は、どちらかというと投手に多い。古田は性格的には投手的性格の捕手だった。

私は彼が選手兼任監督になるという話を聞いたとき賛成できなかった。メディアは、古田が私の下でプレーし、私と同じプレーイングマネージャーになったので、私に祝福やアドバイスめいたコメントを求めていたようだったが、つい本音が口をついて出てしまったのだ。

北海道日本ハムの監督を務めた梨田昌孝も、現役時代は、どちらかというと投手的性格の捕手だった。

彼は高校からドラフト一位で指名されて近鉄バッファローズに入団した。入団交渉中に球団が招待して南海との試合を彼に見せたことがある。南海のマスクは私が被っていたので、高校生としては逸材と言われる梨田がどんな感想を持ったか、メディアは知りたがった。

ところが、梨田は試合を見てひと言、「たいしたことないな」と言ったそうだ。高校生らしい背伸びした感想なのかもしれないが、私はその話を聞いて、この新人選手は謙虚さを知らない、捕手よりも投手が向いているのではないかと感じたものだ。

彼が「たいしたことない」と感じたのは、捕手の送球とか打撃とか表面的なものだけだったのではないか。しかし、野球には、心理的な駆け引き、対戦相手の分析、洞察といった目に見えない大切な要素が含まれている。そうした無形の力に気づかないまでも感じ取ることは捕手として成長するうえで欠かせないのに、梨田にはそれが感じられなかった。

プロに入ってからの彼は、強肩が売りの捕手だったが、捕手のもう一つの要素であるリード、配球の面ではあまり感心させられた覚えはない。

のちに近鉄の監督になり、私が退任したあとにヤクルトを率いた若松勉と日本シリーズを戦った。私は投手的性格でチームを陰で統率するといった要素が足りないように見える梨田の近鉄よりも、コーチとして捕手的野球を学んだ若松のヤクルトのほうが有利ではないかと予想したが、案の定、シリーズは四勝一敗でヤクルトが圧勝した。

同じ捕手出身の監督でも、西武を率いた伊東勤はいかにも捕手らしい性格の持ち主だった。就任一年目にプレーオフを勝ち抜いて、日本シリーズも制したが、采配は手堅く、受けに回ったときにしぶとい試合運びは、森の下でグラウンド上の監督を務めた選手らしいセンスが感じられた。

楽天監督時代のオープン戦で、似合わないヒゲを生やして現われたことがあり、私は文句を言ったことがある。パ・リーグの名門の監督が、入団したての若い選手みたいに流行のヒゲを生やすなどみっともないときついことを言ったのも、彼に期待するところが大きかったからだ。

彼はBクラスに転落した責任を取って二〇〇七年限りで西武監督を退いたが、二〇一三年シーズンから千葉ロッテ監督として指揮を執っている。捕手的性格の強い伊東がどういう采配を見せるか密かに楽しみにしている。

「限界」が「データ分析」を生む

相手打線の長所、弱点の研究や配球の分析は、捕手としての必要から始まったものだが、同時に打者としての必要にも迫られていたからだった。

私は入団三年目にレギュラーになり、翌年に本塁打三〇本を打って本塁打王になった。テスト生出身の高卒選手としては、順調な歩みだった。だが、すぐに壁に突き当たった。はっきりした弱点があったからだ。

カーブである。カーブが苦手でどうしてもうまく打てない。弱点があると、そこを徹底的についてくるのが、今も昔も変わらぬ日本の野球である。あまりカーブが打てないものだから、やがてお客さんまで、「カーブの打てないノ・ム・ラ」などと野次るようになった。

プロの世界で一流打者と認められるには三割を打たなければならない。私の場合、親からもらった素質で、二割五分は打てるという確信はあった。残りの五分をどうやって埋めるか。カーブをどう攻略するか。

いろいろ工夫したり、人にアドバイスを求めたりした。オールスターや日米野球があると、山内一弘さん、中西太さんなど当時のパ・リーグの強打者にカーブの打ち方を教えてくれるように頼むこともあった。ところが、ふたりとも、どうも真剣に話を聞いているようには見えない。

「いや、そのうち打てるようになるよ」

「練習で数多く打てば、自然に試合でも打てるようになるさ」

納得できるような答えが全然返ってこない。「これはダメだな」と諦めた。

後年、山内さんが引退して、評論家として監督をしている私のところにやってきたことがあった。私は昔を思い出して、カーブ打ちの話を持ち出した。

「山内さん、あのときは全然教えてくれなかったじゃないですか」

「すまん、すまん。ほんとうは自分はこうやって打っているという話をお前にしてやりたかったんだが、ライバルだもんなあ。オレが教えてお前がボカスカ打ち出したらたまらん。だからあんないい加減な返事をしたんだ。今なら教えてやってもいいよ」

「今教わったってどうにもなりませんよ」

ふたりで笑ったものだ。

現代の選手たちは、他の球団の選手といっしょに自主トレをしたり、グラウンド外で付き合ったりといったことをわりと平気でやるようだが、昔は他の球団の選手とは碌《ろく》に口も利かないというのが当たり前だった。山内さんが私にアドバイスしてくれなかったのもプロとしては当然のことだった。

カーブは打ちたいが、技術がない。人もあてにはならない。そこで私が考えたのがヤマを張ることだった。いまではあまり使わなくなったが、「ヤマを張る」というのは球種、コースなどをあらかじめ予測することを言う。「ヤマ張り」は日本の野球ではやってはいけない、恥ずかしいこととされていた。打者は基本的にストレートを待ち、変化球にも対応する。

ギャンブルのように来るボールを予測して、それを狙うのは邪道だという考えが強かった。だが、技術的な限界を感じた私に選択の余地はなかった。

私は完全に「カーブ・ノイローゼ」になっていた。右ピッチャーのカーブにヤマを張っていたら、逆のまっすぐが来てゴーンと頭上に当たる、そんな夢を見て朝、目が覚めるような状態に陥っていた。

天分だけでは打てないなら、悪いこととされている「ヤマ張り」を身につけてでも苦手を克服しなければ。そう考えて、配球のデータ分析に励むようになった。

先に触れたように南海には尾張久次さんというスコアラーがいた。日本のスコアラー第一号といわれた方である。その人にお願いして、自分に投じられた球種とコースを記録してもらい、それを資料にして情報分析を始めた。

毎日試合が終わると、家に帰って、十二種類あるボールカウントそれぞれでどんな球種、コースに相手が投げてきたかを確認し、その傾向を割り出そうとした。これがヤマ張りの基本データになった。

私は捕手だから、相手の捕手の気持ちはある程度、想像がつく。基本データに、相手捕手の考えたことやクセを加えて、その意図を読む。ノート数１冊分の膨大な量のデータが揃った。そんな地道な作業を続けるうちに、ヤマの張り方がうまくなっていったのだ。

ある程度高い確率で待つことができれば、カーブでも打ちこなすのはそれほどむずかしくはない。のちに私が三冠王を獲るまでに成長できたのは、不器用な自分が技術的限界を感じて必死で辿りついた、地道な配球分析の成果だったと思う。

続きの谷繁

「ヤマを張る前に、自己分析、相手の分析をしっかりやりなさい」

つまり、「敵を知る前に己を知れ」という意味である。

若い選手たちにはいつもそう言い聞かせていた。狙い球を絞らなくてもついてゆけるのなら、何もヤマを張る必要はない。「この投手なら、ヤマを張らなくたってだいたいは打てる」という選手はそのままやればいい。だが、実際にそれができるのは限られた才能の持ち主だけだ。投手によっても違う。二流、三流なら予測をしなくても攻略できるだろうが、一流ではそうはいかない。

要するに、自分のほんとうの力と相手の能力をきちんと見極め、必要な準備をすればいいのだ。理想を掲げるのはいい。だからといって、理想だけ掲げて、現実を打破する努力を忘れてしまってはダメだということなのだ。

最初から「やれ」と決めつけはしないが、かつてカーブ打ちに苦しんだ私のように、壁に突き当たっている選手には、ヤマ張りを勧めた。

「打てないならヤマを張れ。読みの逆を突かれて三振して帰って来ても、オレは文句は言わない」

そう言って送り出してやる。外国人選手などにも同じようなアドバイスをした。彼らの多くは、来た球をガツンと打てばいいという考え方に慣れているので、私が配球分析、ヤマ張りの話をすると、「オー、グッドアイデア」などと感心していた。

仮に読みが外れていい結果が出なかったとしても、得るものは少なくない。セオリーやデータから「ここではカーブが来る」と予測していたとき、思いがけずストレートが来て打ち取られた。そこから、その捕手は意表をつくのが好きなのだとか、セオリーの裏をかく傾向が強いといったことがわかってくる。そうしたデータを蓄積するか、無視するかで、長い戦いの結果に大きな差が出てくる。

捕手というのは「裏」の好きな人種である。人の裏を行ってよい結果を出すことに快感を覚える傾向が強い。カウントがスリーボール、ノーストライクで、誰でもストレートでストライクを取りにくるだろうと考えている時、変化球でストライクを取りほくそえむ。それが捕手だ。

配球には捕手の特徴がよく表れる。性格の反映といってよい。最近、捕手として三人目となる二〇〇〇安打を達成した中日ドラゴンズの谷繁元信は今の球界を代表する捕手になったが、横浜ベイスターズに在籍していた時代の彼は、配球にはっきりした傾向が見られた。とにかく同じ球種、同じコースを続けるのだ。「もう同じところには来ないだろう」と思っていると、また同じところに投げさせる。三球、四球と続く。谷繁は典型的な捕手だから、同じ配球を続けることで、「もう来ないだろう」と考える相手の裏をかいているつもりなのだ。ヤクルトの監督時代、そう分析した私は、密かに「続きの谷繁」と名づけ、同じ配球を続ける傾向を逆手に取って横浜投手陣を打ち崩した。

続けることが悪いのではない。それはその選手の人間性、思考の反映だ。要は対戦相手として、その心理を掴んで、有利に運べばよいわけだ。

四つの打者分析

野球がほかのスポーツと一番違うのは、戦力の差だけで勝敗が決まらないということだ。おもな球技を見ても、勝率五割台で優勝が決まるのは野球ぐらいである。試合数は圧倒的に多いのに、最後の一試合で決まったり、同率になって一試合だけプレーオフが行われることもある。実力があると考えられる高給取りの選手を揃えれば、他のスポーツならたいていそのチームが勝ってしまうが、野球では高給取りを並べたヤンキースや巨人が毎年優勝するわけではない。強いものが必ず勝つわけではないのだ。そこに弱者の付け込む隙《すき》も生まれる。弱者でも強者の分析をしっかり行ってそこをついてゆけば活路は開かれる。

野球の基本は守りだとするなら、守りの基本は相手打者の分析だ。それを徹底することが第一歩となる。

私は打者を分析する際、四つに分類して考えることにしている。四つの型は次のようなものだ。

A型　ストレートを待ちながら変化球にも対応しようと考えて打席に入る打者。

B型　内角か外角、どちらか打つコースを決める打者。

C型　右方向か、左方向か、打つ方向を決める打者。

D型　球種にヤマを張る打者。

四つの型は基本形で、A型の打者が打席の途中でB型に変わるといったことはよく起こる。捕手は四つの型を基礎にして、状況やその打者の調子などの要素を加え、どの型の傾向が強く出ているかを判断して配球を考えればよい。

四つの型のうち、日本人に多いのはA型だ。D型を心がけているような打者でも、打席で追い込まれると、「変化球を待っていてストレートが来たら見送るしかない。それはイヤだ」「見逃しの三振はしたくない」という心理が強くなり、A型になってしまう。

A型は基本がストレート狙いなのだから、捕手としては変化球で打ち取ることが多くなる。その使いどころさえ間違えなければ、ケガは少ない。

B型のコースを絞って待つ打者には強打者が多い。強打者で、自信過剰なタイプ。前の打席で内角を安打したりしていれば、「オレの力をわかったはずだから、今度は内角では勝負してこない。だからこの打席は外角に狙いを絞ればいい」といった考え方を取る。

C型は騙《だま》しの得意な打者だ。引っ張ると見せかけておいて反対方向におっつける。

右方向（左打者なら左方向）を狙っていると見せておいて、守備位置が動いたりすると思い切り引っ張って野手のいないところを抜くといった打ち方をする。

D型はいわゆるヤマ張りだが、ほかの型との複合型になっていることが多い。

四つの型のうち、A型は捕手からすると比較的対処しやすい打者が多い。ストレートを待ちながら、厳しい変化球にもきちんと対応できるのは、限られた打者だからだ。現役で言えば、イチローのような超一流に限られる。

私は一九九五年の日本シリーズで、ヤクルト監督としてイチローのいるオリックスと対戦した。勝敗のカギはズバリ、イチローをいかに抑えるかである。そこで彼の打席での考えを知るために、いろいろなインタビューの記事や談話を読んでみた。イチローはA型に分類されるが、彼は「自分は変化球をマークしておいて、ストレートについてゆく、それが理想だと思っている」と答えていた。私はびっくりした。普通の選手は変化球を意識していたら、そこにストレートが来れば手も足も出ない。なのに、イチローは最初から変化球を意識して打席に立ち、ストレートにも対応することを心がけているというのだ。

私は自分の体験から考えてみた。イチローのような待ち方をして全然打てないわけではない。右投手のカーブやスライダーを意識しているとき、ストレートが来ると無意識のうちに反応していい当たりが出ることがある。ただし、それはごく調子のよいときに限られていたし、打球も微妙にポイントがずれるので、右方向への流し打ちのようなものになってしまうのだが。

イチローは普通の選手が好調なときに無意識にやることを、常に意識的にやろうとしている。なんと凄い才能の持ち主なのだろう当時は感心した。

B型のコースに絞る打者は、性格さえ掴んでしまえば、打ち取る糸口は探せる。自信家なのか、疑り深いのかで、コースの狙いを読むことは可能だ。

捕手から見て厄介なのはC型の打者だ。巨人にいた元木大介などはその代表格だった。ピンチになって元木が打席に立つと何を狙っているのかわからず、痛い目に遭《あ》うことがよくあった。A型で高い打率を残すような天才型の打者ではないが、反対方向に打ったり、外した投球でもなんとかボールに当てるといった細工が利き、こちらの読みを考えながら対応してくる頭もある。厄介だが、抑えればやりがいを感じる型でもある。

打者を型に分類することが重要なのは、それをやっておかないと、投手がただボールを投げているという形になってしまうからだ。「まずストレートを投げてストライクを取ろう」「ストライクを取ったので、次は外にボール気味にスライダーでも投げておけば、痛い目には遭わない」というように、分類を考えないで、その場その場で打者の狙いを外すことだけを考えていると、簡単に打ち取れる打者でも手間取ったり、痛打されたりすることがある。

「こういう型の打者で、なおかつこの場面なら、こういう考えで打席に立つはずだ」と読んでおけば、誰に対しても同じパターンで投球するような愚は避けられるし、そのほうが投球数も少なく、投手への負担も小さい。

捕手の絶対条件

「捕手はグラウンド上の監督である」が私の持論だ。

しかし、捕手はやりがいはあるが、華やかなスポットを浴びるポジションではない。

投手のように我が強く、わが道を行くような性格ではあまりよい捕手にはなれない。闘志は必要だが、受けに強いことも必要だ。肉体的な条件だっていろいろある。

必要な要素は挙げてゆけば切りがないが、私は五つの要素を求める。「分析」「観察」「洞察」「判断」「記憶」の五つである。

「分析」は相手打者、相手チームに対する基本的なデータ収集である。まずここがスタート地点だ。

「観察」は、目に見えるものから情報を引き出す力である。グラウンドには注意深く見れば、いろいろな情報が転がっている。打席に入る打者の動き一つにしてもそうだ。打席でのステップの方向などで狙いはだいたい読めるし、プロなら肩の入り方ひとつ、腰のひねりのわずかな違いで打者の意図を感じるぐらいにならなければならない。

だが、目に見えるものを追うだけでは足りない。「洞察」は見えないものを読む力、相手の心理を読み取ってゆく力である。打者を四つの型に分類するのは、その型特有の心理傾向が見られるからでもある。

「この打者はA型だ。A型の打者というのは、こうした状況ではこういう気持ちで臨んでいるはずだ」

そうした心の動き、見えない部分にまで推理を働かせる能力が備わってくれば、捕手としてはかなりのレベルに達したといえる。

相手を見る目が備わったとしても、常に最善の手が打てるかどうかはまた別だ。「判断」と「記憶」は一体といってもよい。最善の手を選んで判断するにはそこまでの記憶の集積が大きな力になる。記憶のライブラリーからすぐに情報を引き出して、最善の手を下す。それができるようになれば、まず一人前と言ってよいだろう。

野村の野球はデータ野球という人がある。私も、一種のキャッチフレーズとしてＩＤ（インポートデータ）野球を掲げたことがあった。しかし、データは試合前に「準備」しておくものである。そしてデータだけでは試合は戦えない。今回のＷＢＣ敗因の一つがデータ絶対信仰に陥っていたことだった。

つまり、生きた情報は、動いている試合の中にたくさん含まれている。それをいかに速く、正確に掴み取り活かすかで勝敗が決まる。試合の中での情報戦略のカギを握っているのが捕手なのだ。

捕手は疑り深い性格であれ。「疑い屋」たれ。私はよくそんな話をする。捕手は試合の中で、ひとりだけ他の八人と違った方向を向いている。みんながそうだと思っているときでも、違ったものが見える可能性がある。「これでいいのか。これが最善なのか」と常に疑ってかかる性格を作ってゆかないと、一流の捕手にはなれない。

「狙い打たれたら、一〇〇パーセント自分の責任だ」

現役時代、マスクを被るときは、常にそう言い聞かせていた。自分が全責任を負うのだから、当然リードには慎重になる。漠然と、「だいたいみんなこうやっているようだから、ここはこのサインで」などといったいい加減なサインの出し方はやらなくなる。グラウンド上の監督として、若い捕手にも私と同じような覚悟を持って試合に臨んで欲しいものだ。

捕手冥利とは何か

「野村は捕手の役割を強調しすぎる」

「いくら捕手が頭を使ったって、投手がヘボなら、勝つことはできないさ」

いまだにそんなことをいう人がある。しかし、投手が自分の好きなように投げて、捕手はただ受けるだけという野球では、現代のように細かいデータを収集し、相手を徹底的に分析して攻めてくる野球に、投手個人の力に頼るだけでは勝つことはむずかしい。

それに投手そのものの能力も落ちてきている。もちろん体は大きくなり、筋力トレーニングなどの導入で瞬発力は格段に上がったが、投げ込みをしないので、投手として必要な体力はつかないし、長いシーズンを通してコンスタントに力を発揮できる選手も減ってきている。マシンの導入やトレーニング機の普及で打撃力が飛躍的に高まったのに、投手の進化は進んでいないどころか、後退している感じさえする。

そうした中で、捕手のリードはますます重要になってくるだろう。

捕手のリードによって、いかに成績に差があるかを具体的な例で説明しよう。自慢話めくが、私が経験した中に典型的な例があるので紹介したい。

私が南海の監督時代、何年か二ケタ勝利をあげて、エース級などと評価されたNという投手がいた。この投手が、あるシーズンが終わったあと、私のもとを訪ねてきた。

トレードに出して欲しいのだという。理由を聞くと、当時の投手コーチとそりが合わないので、その下では働きたくないということだった。

やる気のないプレーをされても困るので、ひとまずトレードに出してやることにして希望の球団を聞いてみた。阪神が希望だった。同じ大阪でも南海よりはずっと人気があったので、あこがれていたのだろう。

阪神に打診してみると、「要らない」という返事が戻ってきた。阪神サイドはNの好成績はリードによるところが大きく、他のチームに移ったら、力は半減してしまうと判断したのだ。それが外から見たNの評価だった。

結局いろいろ移籍先を探した末、中日との交換トレードに落ち着いた。中日側の交換要員は、一軍半の左のワンポイントリリーフふたりだった。

トレードが成立した際、Nが挨拶に来たので、私は思っていたことを正直に話してやった。

「お前はよそに行ったら、余程しっかりしないと勝てないぞ。はっきり言って、お前がローテーション投手だとか言って胸を張っていられるのは、オレが受けているからなんだよ。よそに行って、違う捕手に受けてもらえばわかる。今のままならまず勝てない」

本人は納得しかねるといった表情で聞いていた。

どう見ても南海が損をしたように見えたトレードだったが、Nは中日に移ると一勝もできずシーズンを終えた。挙句の果てに解雇され、最後はヤクルトのテストを受けた。そのころ私はヤクルトの広岡監督に頼んで、採用してもらい、中継ぎなどで起用してもらいプロ生活を終えさせた。

つまり、捕手が違えば、二ケタの勝ち星をあげていた投手もたちまち二流の敗戦処理にまで落ち込んでしまう。逆に言えば、捕手のリード次第では、超一流の素材とはいえない投手でも、戦力として立派に通用させることができる。この事例一つ取り上げても、捕手という仕事のやりがいの大きさがわかっていただけると思う。

第六章　監督は「気づかせ屋」である

監督は「気づかせ屋」

長く監督をやってきて、この仕事は「気づかせ屋」だと感じることがよくある。

プロに入ってくるような選手は、みんな、一般の人には考えられないようなすぐれた能力、素質を持っている。だからといって、全員が長嶋やイチローになれるわけではない。優れた才能を持っていながら、その使い方が間違っていたり、自分が向いているのは別の分野なのに、方向違いの無駄な努力をしている選手は少なくない。

先にも触れた、南海プレーイングマネージャー時代に再生した山内新一などはその代表格だった。ストレートで力任せに三振を取りに行くような投球に、自分でさっさと見切りをつけて、コントロールを磨いて、ゴロを打たせる投球を早く身につけていれば、巨人から放出されることはなかったかもしれない。

私がやったことは、山内に、今の自分の力を気づかせ、プロとして生き残るためには何をすべきかということに目を向けさせたことだった。

こうした監督の仕事を、私は「気づかせ屋」と呼んでいる。

南海のエース格だった江本孟紀の長髪をとがめたりしたのは、彼に、「プロは常に観客の視線を浴びている存在なんだ」ということに気づいて欲しかったからだ。ファンの中にはいろいろな美意識の持ち主がいる。「長髪がカッコイイ」という人もいるかもしれないが、それと同じくらい、「何だ、あんなに髪なんか伸ばして」と不快に感じる人もある。プロである以上、ファンが不快に感じるようなことはやってはいけない。そういうプロとしての基本的なマナーに気づいて欲しかったのだ。

私は講演などに招かれて、よく「組織、チーム作りの上で一番人事なことは何か」と聞かれることがある。ひとつだけ挙げるのはむずかしいが、私は人間作りが基本だと考えている。チームを作るには、まず選手一人ひとりをしっかりしたプロに作り上げなければならない。それが人間形成だ。そして人間形成には、その人物が持っている可能性、自分も知らなかったような能力、資質に目を開かせてやる必要がある。「気づかせ屋」の本質とは、人間作り、チーム作り、組織再生の基本である。

好みを言えば、「野村再生工場」と賞賛されるよりも、「日本一の気づかせ屋」と言われたほうがうれしかったのだが、残念なことに、そう呼んでくれる人はあまりいない。

「気づかせ屋」とは、意識改革と適材適所を徹底させるということだ。現役を退いて評論家生活を経たのち、ヤクルトの監督に就任して、一番強く感じたことは、適材適所がおこなわれていないことだった。

長い間低迷していたチームなので、特にそう感じたのだろうが、そのポジションに一番向いていないような選手が、本人も周りもさほど気にしないまま、そのポジションについているといった例が多かった。

私が監督に就任した一九九〇年当時、ヤクルトの正捕手は秦真司だった。法政大学から入団して六年目の選手である。左打ちの打撃は「少年野球の手本にしたい」といったような、クセのない素直なフォームで見どころがあった。

だが、捕手はなんといっても守り、とりわけリードである。その肝心のリードとなると、秦はからっきしだった。私の目から見ると、信じられない配球をするのだ。秦は前年には八〇試合あまり、その前には一二〇試合近くに出場していた。「よくこの捕手で我慢したなあ」と、私は前任者の関根潤三監督の忍耐強さに驚いた。

ある試合、カウントがスリーボールノーストライクになったことがあった。得点差が何点あったかは忘れたが、ともかく次の一球は打者が絶対打ってこないという状況だった。誰が見てもど真ん中にストレートを投げさせる場面である。

ところが、万人がストレートと思った場面で、秦は変化球を要求し、それが外れて四球を与えてしまった。

私は信じられない出来事にすっかり頭に血が上り、ベンチで横に座って見ていた新人の古田に、「お前が行け!」と叫んで秦を引っ込めた。うなだれてベンチに戻ってきた彼に、私は変化球のサインを出した理由を聞いた。

「なんであそこで変化球なんだ?」

「はあ、打って来るような気がしたもので」

この答えを聞いて、私はクラクラ来そうになった。素人でも打って来ないとわかる場面で、「打って来るかもしれない」と考えるような選手に捕手は向かない。私は二度と秦を捕手に使うまいと決めた。

秦の代わりに起用したのが新人の古田だった。リードはまだまだだったが、私が教え込めばなんとかなる。ともかく古田を一人前にしなければ、捕手がいなくなる。そう思って古田を厳しく鍛えた。古田がレギュラー捕手になるきっかけは、一九九〇年四月下旬のこの試合だったのだ。

秦は不思議な発想をする男で、何事もむずかしく、むずかしく考えようとする。普通はむずかしいものを簡単に、シンプルに考えようとするのだが、秦は逆を行ってしまうのだ。袋小路に入り込んでしまうこうした発想は、捕手に最も向いていない。

ただ彼は打撃の素質にはいいものがあったし、物事を突き詰めてゆくタイプだから、打者には向いていた。捕手をやっていたくらいだから肩も悪くない。俊足でもある。そこで私は外野手に転向させることにした。

外野手に転向した秦は、その後、レギュラーポジションを取り、長く活躍した。九二年の西武との日本シリーズ第六戦では、延長一〇回にサヨナラ本塁打を放つ活躍も見せた。もしそのまま捕手をやらせていたら、古田の陰に追いやられて、そのまま消えていってしまったかもしれない。

しかるべき場所にしかるべき人物を置く適材適所の鉄則は、本人にとってもチームにとってもきわめて重要なことなのだ。

高津への監督指令

プロに入ってくる選手の中でも、投手は自分の適性を見間違っていることが多い。プロから声がかかるような投手は、まず間違いなく自惚《うぬぼ》れ屋、自信過剰、地球は自分を中心に回っていると考えるタイプである。とりわけ、エース級がそうだ。

アマチュアでは運動能力が一番優れた子供を投手にするのが一般的であり、投手として自分が中心になって試合をしてきたお山の大将が、自分の能力を特別のものと思い込むのも当然だろう。

しかし、プロに入れば、誰もが先発のエースとして活躍できるものではない。力から見て中継ぎが向いている投手もいれば、リードされている場面でしか使えないような投手もいる。何もこうした投手を貶《おとし》めているわけではない。チームとしては、いろんな役割の投手が必要で、何に向いているかを本人に早くわかってもらうことが大事なのだ。

高津臣吾はヤクルトで抑えとして活躍し、セーブの日本記録を作り、メジャーでもプレーした。抑え投手として頂点を極めたと言ってもよい。私がヤクルトで日本一になった日本シリーズでは、三回とも最終回のマウンドに高津がいた。ミスター胴上げ投手である。

しかし、亜細亜大学から入団した新人の高津を初めて見た印象は「プロではちょっとしんどいな」というものだった。右のサイドスローだが、変化球はスライダーなど横の変化が中心だったし、球速もそれほどあるわけでもない。右打者には通用しても、左打者にはカモにされるように思えた。

ただ、当時はイキのいい投手が何枚でも欲しいときだったし、大学野球でそれなりに活躍して、気持ちには強いものを持っている感じがしたので、なんとか短いイニングを任せられるような投手に仕立てたかった。

何かいい手はないかと考えた末、思いついたのが「盗み」だった。西武の潮崎が投げているシンカーを高津にマスターさせてみようと考えたのだ。

高津が入団する前の年（一九九〇年）、西武は巨人に四タテを喰らわせて日本シリーズを制した。西武が最も強かったシリーズだったかもしれないが、このシリーズを見ていた私は、新人の潮崎が投げるシンカーに目を奪われた。一度浮き上がってから大きく落ちるあまり見たことのないシンカーで、巨人の打者は全く手が出ない。右のサイドスローなのに、左打者も手玉に取っていた。

高津も潮崎と同じ右のサイドスローである。あの潮崎のシンカーを自分のものにできれば、左打者も苦にしない、いいリリーフ投手になれるのではないか。

そこで私はキャンプの際、高津に「潮崎のシンカーを盗め」と指令を出した。

「日本シリーズのビデオがあるはずだから、それを見て、あのシンカーを自分のものにしろ。スローが出るはずだから、それで握りなどはわかるはずだ。あれをものにしなければ、今のお前の力じゃ左打者を抑えることはできないぞ」

投手らしい自信を持ってプロに入ってきた高津は、最初のキャンプでいきなりこんなことを言われて戸惑ったようだったが、それでも素直に取り組んだ。

しかし、なかなか身につかない。聞いてみると、「ものにするのはむずかしい」という。潮崎のシンカーは薬指と中指でボールを挟んで抜くのだが、それがどうもうまくできないようだった。

「このボールの持ち方ではなく、人差し指と中指で挟む持ち方ではダメでしょうか。

この持ち方でフォークのように抜くとある程度落ちるんですが」

潮崎とそっくりでなくても、ある程度落ちて、打者のタイミングが狂えば使い物にはなる。

「そうやって投げれば、遅いシンカーみたいな感じになるのか」

「なりそうです」

「じゃあ、そうやって投げてみろ」

結局、高津は自分なりに工夫した「スローシンカー」というべき球をものにした。その球をオープン戦で左打者に試してみると、面白いようにクルクル空振りする。それで本人もすっかり自信を持った。

もともと緊迫した場面でもあまり動揺しない強い神経は持っている。そこにスローシンカーという武器が加わった。最初は中継ぎで使っていたが、次第に抑えにも起用するようになり、入団三年目の九三年からは抑えとして完全に定着した。変われば変わるもので高津は、左打者のほうが得意になった。一つの球をものにして適所に座ることができたわけだ。

松井にストレートを投げてみろ！

変化球をものにして抑え投手の地位を手に入れた高津だが、そうやってかわす投球で打者を打ち取るようになっても、投手というのは力一杯のストレートで打者を打ち取りたいという気持ちをなかなか捨てられないらしい。

高津も抑えになってから、ときどき力んでストレート勝負に出て、打たれることがあった。強気は抑え投手の必須条件だから、そうした気持ちも必要なのだが、あまり頻繁にやられてはチームもたまったものではない。「お前のストレートじゃ通用しないぞ」と口で言っても、本人はなかなか納得しない。そこで私は荒療治に出ることにした。

開幕間もない巨人戦、九回裏一死走者二塁、打者・松井秀喜の一軍デビュー二戦目という場面で高津がマウンドにいた。当然変化球で打ち取りに行く場面である。しかし私は高津にストレートで勝負させることにした。「ためしに松井にストレートで行ってみい」と指示したのだ。捕手の古田はあわてて首を振ったが、私はかまわずストレートを投げさせた。結果は東京ドームの最上段まで飛ぶ特大の二点本塁打だった。

何も試合を捨てたわけではない。スコアは四対一だったから、二点本塁打を打たれても、まだヤクルトがリードしている。あとの打者を考えれば、本塁打を打たれても逃げ切れるだろうという計算があった。

そうまでして高津にストレートを投げさせたのは、お前のストレートはもう勝負球にはならないということを気づいて欲しかったからだ。

本塁打のあと、後続を打ち取ってベンチに戻ってきた高津に、私は「アカンやろ」と声をかけた。高津は何とも言えない複雑な表情をしていたが、それからは無理なストレート勝負は避けるようになったから、私の荒療治も効果はあったのだろう。

適材適所を見抜く

隠れていた能力を見つけ出し、適所に配した一番の成功例はヤクルトの飯田哲也ではないだろうか。

私はヤクルトの監督に就任した際、秋季キャンプを見ることができなかった。まさか監督要請があるとは思っていなかったので、いろいろなスケジュールで埋まってしまい、秋のキャンプに行けなかったのだ。

通常は秋季キャンプで現状の戦力をだいたい掌握し、強化すべき点を見つけておいて翌年春のキャンプに臨む。ところが、その下準備ができず、いわばぶっつけ本番で最初の春のキャンプを迎えた。

キャンプ初日、二月一日、私はコーチに命じて足の速い選手を集めさせた。低迷しているチームがいきなりボカスカ打てるようになるはずはない。まず足を使うこと。「足にはスランプがない」。ここを糸口に、機動力で攻撃を組み立てていこうと考えたのだ。

数人の「足のある」選手が集められたが、飯田もその中に含まれていた。小柄で俊敏そうな選手だったが、なぜかキャッチャーミットを持っている。私は不思議に思って尋ねた。

「キミはなぜミットなんか持っているんだ? 足が速いというのに、どうしてキャッチャーなんかやっている。捕手というポジションが好きなのか」

飯田ははっきり「好き」とは言わずに口ごもっている。「好きだと即答できないのに、なぜ捕手をやっているんだ」と問いただすと、「高校のときにキャッチャーをやれと言われて、それからずっと捕手をやっているんです」と他人事のように答える。私はあきれてしまった。

アマチュアでは選手の特性など関係なく、単にチーム事情だけでポジションを決められてしまうことがよくある。「他に肩の強いのがいないから一番強いアイツを捕手に」といった具合に、適性など考えず、編成上の都合を押しつけられ、そのまま大きくなる子供も少なくない。飯田もそうした選手のひとりに思えた。

飯田は投手の標的になるには体が小さい。肩はよかったが、緻密に考えてプレーするよりも、俊足を活かして本能的にプレーするのが似合いそうな選手である。どう見ても捕手向きではない。

「キミの足は親からもらった天性のものだ。キャッチャーになって立ったり座ったりを繰り返していたら、せっかくの足がたちまち遅くなってしまうぞ」

それでも高校生のときから捕手としてやってきた飯田は、納得しかねる顔で聞いている。私は続けた。

「オレはプロに入った頃は足が速かった。入団テストは五〇メートル走をクリアしないと合格しない。それに合格したのが何よりの証拠だ。でも、長年捕手をやって、最後には〝鈍足の野村〟として有名になってしまった。どうだい、納得したか」

ようやく納得したように見えたので、私は「キミのミットはオレが買ってやるから、それで野手用のグラブを買え」と提案した。飯田はすぐにミットをふたつ持ってきた。私はそれを四万円で買い取り、飯田にはその四万円で野手用のグラブを購入させた。

捕手からの配置転換は決めたが、どこをやらせるかはなかなか決めかねた。足は速いし、肩も強いので、ショートを試してみたが、どうもショート特有の身のこなしがうまくできない。ショート向きの資質も感じられない。

次にセカンドをやらせてみた。これはそこそこできたが、チーム事情から、セカンド転向も頓挫した。というのは新外国人に問題があったからだ。

新しい外国人ジョニー・レイは、外野手というふれこみだった。ところが実際に来日すると、セカンドが本職だという。「外野じゃなかったのか」と聞くと、一試合だけ守ったことがあるという。どうやらフロントは、その試合を見て外野手だと判断したのだった。外国人選手は戦力になってもらわなければならないから、やむなくレイにはセカンドを守らせた。飯田は押し出されてしまった。

結局、内野にはポジションがなく、俊足を活かすのに最適な外野手をやらせることにした。これが大正解だった。

飯田の運動能力は桁外れだった。人間業ではない、飯田は動物だ！　と思うプレーが幾度もあった。足や肩ももちろんだが、なんといってもバネがすばらしい。

外野に転向してからも、フェンスによじ登ってホームランになる打球を捕球して、チームのピンチを救ったことが何度もあった。九三年の西武との日本シリーズでは、センターからノーバウンドの見事な本塁返球をして失点を防ぎ、勝利に貢献した。

運動能力もすばらしいが、打球に対する勘、本能的な予知能力といったものも他人にないものを持っている。だが、それは一種野性の勘のようなもので、捕手をしていたら、あまり役に立つことはなかったろう。

その点で、飯田の外野手転向は、本人の資質にぴったり合った、適材適所の代表といってよいだろう。

飯田の成功例は、同時に、アマから来る選手の能力は、改めて見直さなければならないという教訓を、私に与えた。いまだに私は新人選手が入団してきたら、ポジションは白紙で考える。コーチにも「どこのポジションが向いているか、もう一度探してみろ。固定観念は悪、先入観は罪」と言い聞かせている。そうやって、大事な資質が眠っていないかと注意してやることは、選手の将来にも大きな影響を与える。

リーダーは言葉を武器とせよ！

私が人生の師と仰いだ評論家草柳大蔵さんには、折に触れ、他にもいろいろなアドバイスをいただいた。

「野村さん、言葉は大事ですよ。本を読まなければいけませんよ」と繰り返し聞かされた。草柳さんのお宅の二階には、ちょっとした図書館のような書庫がある。その部屋に案内してくれて、「何がいいかな」と言いながら、自ら私向けの本を選んでくれた。

その中の一冊が忘れもしない、安岡正篤の『活眼活学』という本だった。終戦の詔勅を執筆したり、歴代総理の指南役などと言われた学者の本である。『活眼活学』は人間へのさまざまな洞察を含んだ人間学そのものという本で、最初はむずかしかったが、繰り返し読むうちにその内容に引き込まれていった。その後も野球人として生きていく上での最高の教材として大切にしている。手元にあるのは、草柳さんからお借りしたときの一冊で、お返ししなければと思っているうちに草柳さんが亡くなられてしまった。勝手に先生の形見だと思って、座右においている。

私は試合後のコメントで、中国の古典の故事や格言などを使うことがよくあった。これは草柳さんから借りた『活眼活学』が入り口になって、中国の古典などに目を通すようになったからだ。古典の言葉を引用すると、ただ自分の言葉として話すよりも、より的確に言いたいことの本質を説明できるような気がする。

監督の仕事は「言葉」、これに尽きる。現役のときは体を使った実践だったが、その後の評論家生活、監督生活ではまさに「言葉が命」になった。視聴者、聴衆を引きつけるのも、選手を納得させるのも、的確に練られた言葉でないとうまくいかない。

リーダーはその言葉に選手たちがどれだけ胸を打たれるか、尊敬されるかで値打ちが決まる。「ああ、勉強しているな」「頭がいいな」ということが、言葉で伝わらなければならない。

言葉の持つ力、本の力を教わったという点で、草柳さんは、ほんとうの恩師だったと改めて思う。

プロはアマに学べ

私はチームを預からせてもらう時、三年をひとつの目安にした。ヤクルトで初優勝したのは就任三年目だった。ホップ、ステップ、ジャンプで進めればいいと思っていたチームの強化がほんとうにその通りうまくいった。

阪神の場合は野球以外の問題もあって、三年でユニフォームを脱いだが、そうした問題がなくてもやはり監督は続けていなかっただろう。後任に西本幸雄さんや星野仙一を推薦したのは、阪神のようなチームは自分よりも他の人が鍛え直さなければ強くならないと悟ったからだ。それを知るのに三年かかったわけだ。

その後。社会人野球のシダックスを三年率いた。そして楽天は、四年間率いてどうにか、二〇〇九年には球団初のクライマックスシリーズ進出に導けた。

スポーツは実力の世界、競争社会だ。情実やコネが通用する世界ではない。サラリーマンには休みはあるが、プロ選手には、基本的には休みはない。チーム練習は休みでも、常に練習をする気構えを忘れて欲しくない。

現役時代、ある対談の企画を依頼されたことがある。「誰か会いたい人はいませんか。お好みの女優さんでもいいですよ」と言われたが、女優さんと会ってにやけていても仕方がない。「とんでもない。それよりも会いたい人がいるのでお願いします」と全く違う人物を指名した。

私が対談相手にお願いしたのは、「東洋の魔女」を率いて、東京オリンピックで金メダルを獲った女子バレーボールのニチボー貝塚の大松博文監督だった。大松さんは対談は受けてくれたが、練習場を離れるわけにはいかないというので、工場の敷地の中にある練習場まで出かけていって話をすることになった。

対談の前に練習を見せてもらった。スパルタ式の「鬼の大松」と言われるだけあって、とにかく厳しい。レシーブの練習は倒れこんでボールを受けても、容赦なく次のボールが飛んでくる。実際の試合ではレシーブのあと、すぐに立ち上がらなければならないので、そういう練習になるのだが、打ち込まれるボールはまるで機関銃のようだった。

それ以上に驚いたのは罵声だった。うまくできない選手を監督が容赦なく罵倒する。とても文字にできないような酷い言葉で、大声で野次られる。しかし、選手のほうは平気な顔で耐えている。「これは凄い世界だな」と私は呆気にとられた。

話をうかがうと、大松監督は、「一年三六五日、一日も練習を休まない」と言われた。「正月もありません」と言う。なぜそこまでやるのかと言うと、「一日休めば元に戻るのに二日かかる」と言うのだ。

私は、プロ野球の甘さを痛感させられた。私も練習嫌いではなかったが、当時二〇代後半の私は、まだ大松監督の域には達していなかった。しかも大松さんやニチボー貝塚選手たちはアマのサラリーマンである。当時は今よりもアマの規定がずっと厳しかったから、金メダルを獲ろうが世界で勝とうが、給料は他の工員さんたちと変らないのだ。オリンピックで金メダルを獲るという名誉と誇りのために、これだけの練習をされている。それに対して自分たちは高給を貰っているプロである。厳しさを見習わなければならないと思ったものだ。

あの厳しさをそのまま今のプロ野球選手たちに求めるのは無理だろう。時代も違うし、育ってきた環境も違う。指導者だって、大松監督のようなやり方をしていたら、選手はみんな逃げ出してしまうか、裁判沙汰にでもなりかねない。

だからといって、「限界」の手前でそこそこの練習をしていればいい、と言うものでは決してない。特に、ゼロからスタートした楽天のようなチームは、他の伝統あるチーム以上に厳しさが求められる。

王との暗闘

今の若い選手たちは、自分がどう見られているかを大変気にする。チームメイト、首脳陣や相手の選手、ファンやメディアにどう見られ、どう評価されているのか、知りたくて仕様がないらしい。

ある程度の実績を残した選手が、そうした周りの評価を気にするのはわかる。だが、碌《ろく》に実績もあげていない選手がそんなことを気にしてプレーに集中できないのは情けない。

私も現役時代は、自分のプレーに対する評価が気になった。特に、捕手という日の当たらないポジションをやっていたので、「もっと自分のプレーを評価して欲しい」「真価を認めて欲しい」といつも思っていた。

ある時、師と仰いでいた草柳大蔵さんに、「いくら一生懸命やっても捕手という仕事はさっぱり評価してもらえない。誰にも見てもらえない。どうしたらいいんでしょう」と訴えたことがあった。そのとき、草柳さんは、ニコニコしながら私を諭してくれた。

「野村さん、そうじゃない。誰も見ていないなんてことはない。よい仕事をしていたら必ず見てくれている人がいる。ものの見えない人が千人いれば、ものの見える目利きの人だって必ず千人いるものなんだ。誰に見られているなんてことは考えずに、今まで通りにおやりなさい」

そう言われて、ずいぶん気が楽になった。必ず誰かが見ていてくれる。そう思うと、きつくて地味な捕手の仕事も苦にならなくなった。

長い現役生活の中で、草柳さんの教えを実感するような体験もあった。

私は王貞治に次いで歴代二位の通算本塁打を打っている。王は後輩だから、私が途中で抜かれたわけだ。五歳年下の王がハイペースで追い上げてきたとき、私は何とか六〇〇号までは先に到達したいと考えた。

一九六五年に山内一弘さんを抜いて本塁打記録の歴代一位になった私は、八年間守り続けてきた王座を簡単に明け渡したくなかったのだ。一九七三年、いよいよ王が近くに迫ってきた。私はメディアには、「ワンちゃんには簡単に抜かれてしまうさ」と無関心を装っていた。だが内心は、やれるところまで抵抗してやれ、と闘志満々だった。

八月八日に王が五六三号を打って私に並んだ。二日後には二人が一本ずつ打って併走、三日後には私が打ってまた先に出た。王が並ぶ。先に出る。私が並び返す。また王が先に出て、私が並ぶ。そんな戦いを実に三週間も続けた。王に二本差をつけられ、勝負が決したのは八月二九日だった。

最初はこの戦いに気づく人はいなかった。しかし、当時、報知新聞の記録部長で、

「記録の神様」と呼ばれた宇佐美徹也さんだけは、私の抵抗を見ていてくれた。それを知ったのは引退してからのことである。

「あの時はずいぶん凄い抵抗をされましたね」

宇佐美さんは「ちゃんと知っているよ」というような顔でそんなことを言った。あのときほどうれしかったことはない。自分ひとりの孤独な抵抗だと思っていたのに、ちゃんと見ていてくれた人がいたのだ。

「いい仕事は必ず見ていてくれる人がいる」

母の教え

私の少年時代は、娯楽の少ない食糧難の戦後だった。私は父を戦争で失い、病身の母の手ひとつで育てられた。

無口な母に言われたひと言を私は、生涯忘れない。

「克、男は黙って仕事をしなきゃいかんぞ」

という言葉である。

新人時代の解雇通告にも、体験した者にしかわからないテスト生の辛酸《しんさん》と苦悩、その後の幾多の試練にも耐えられたのは、私の血肉の中に、大病に二度冒されながらも、懸命に働く母の姿とこの言葉が宿っているからである。

「生涯一捕手」という私のキャッチフレーズは、南海ホークス兼任監督を解任になって、現役を引退すべきか続行すべきか悩んでいたとき、人生の師であった評論家の草柳大蔵先生との会食から生まれたものだ。

「結局、マスクをかぶることにしました」と草柳さんに話すと、「いったいそれが何だ」という態度をとられた。私は、人生の転機の相談をしているのに、草柳さんはそっけなく食事を進めている。

「今、おいくつですか」

「四二歳です。その年で、まだやる気か！　と言われています」

「なんだ、四〇ちょっとですか。フランスの首相は七四歳でロシア語のＡＢＣから勉強していますよ。人間一生涯勉強ですよ。やりたければ、やればいいでしょう。禅語には、生涯一書生という言葉もありますよ」

私は咄嗟に、「ええ、僕は、生涯一捕手でいきます」と答えてしまった。

帰宅し、私は色紙に「生涯一捕手」と書き写してみた。

「一」は物事に徹するという意味もある。当然、物事、人間関係のはじまりを意味する。私は鼓動が激しくなった。野球のみならず人生における転換点を迎えた際、人間に最も重要なのは、覚悟と決断である。

主役ばかり集めても、物語は成立しない。黒子に徹する、司令塔となる脇役を固めることが組織にとっていかに重要であるか。プロとはいかなる存在か。いかなる役割を担っているか。そうした思考は、野球のみならず広く各界に共通するひとつの人間論ではないかと私は確信している。

あとがき

私はこの春、日本体育大学の客員教授を引き受けることになった。大学を出ていない私に教授が務まるかとも思ったが、スポーツを学び、スポーツに関係する仕事に就く人も多い大学で、私のプロ野球監督体験を話すことは意味があると考え、引き受けることにした。

二〇〇九年、私は楽天の監督を退いた。最後の試合になったのは日本シリーズ進出を決めるクライマックスシリーズだった。そこで北海道日本ハムに敗れ、私の楽天での監督生活が終わった。

試合のあと、私は敵将の梨田監督やヤクルト時代の教え子吉井理人コーチをはじめ、両軍の選手たちから胴上げされた。対戦相手の監督、選手たちが胴上げに加わるのは異例のことで、野球屋冥利に尽きると感激した。

そのあと、記者に囲まれた私は二四年に及ぶプロ野球監督生活を振り返って、次のような話をした。

「人間の評価は何によって決まるのか。それはその人間が何を残すかで決まる。カネを残す人もあれば、名声を残す人もある。しかし一番評価されるべきは人を残すことではないか。自分の影響を受け、薫陶《くんとう》を受けた人材を後世に残すこと。それができた人間こそが高く評価されるべきだ」

戦前の関東大震災の復興の基を築いた智将・後藤新平は、「人を残すは上なり」という名言を遺した。この名言は不滅である。日本体育大学の客員教授の話をいただいたときも、まず頭に浮かんだのは、いかに「人を残すか」ということだった。

第三回のＷＢＣは準決勝敗退という残念な結果に終わったが、その中で光るプレーを見せていたのが中日の井端弘和だった。私はヤクルトの監督になる前、少年野球の監督を三年ほどしたが非常にいい勉強になった。高校野球でいう甲子園にあたる神宮大会出場が、少年たちの夢だったが、引き受けたチームは一〇年間で一度も神宮大会に出場できずにいた。

「信は万物の基をなす」

まず驚いたのは子供たちが一〇〇パーセント私を信頼してくれたことである。子供たちに理論を説いても仕方ないので、私は体で覚えさせた。とにかく「振らせる、走らせる、投げさせる」指導を徹底した。毎晩、塾帰りの子供たちを自宅に呼び、庭を開放してバットを振らせた。おかげで庭の芝生が全部ダメになったが。その結果、私が率いる少年チームは翌年、神宮大会に出場を果たす。

あるとき、試合をする多摩川のグラウンドに行くと、先に試合がおこなわれていて、群を抜いてはつらつとした動きを見せる子供がいた。それが井端だった。

強い印象を受けたので、当時息子が通っていた堀越高校の野球部の監督に、「いい選手がいる」と井端のことを推せんした。すると監督は翌日すぐに見に来て、堀越への入学を勧めた。井端は勧めにしたがって堀越に進み、本格的な野球の道を歩み始めた。

もちろん、中学生の井端を見て「プロで大成間違いない」と見抜いたわけではない。

そこまでの眼力を誇るつもりはないが、私のアンテナに引っかかったことが、井端の今日に少しは影響を与えたのではないかとも思う。こうしたことも「人を残す」ことのひとつだろう。

この本では人材をどう活かすべきかとともに、組織をどう強化するかといったテーマで監督の器を考えてみた。組織とはいっても、それを形成するのは人である。人が人を育て、育った人が残っていくような組織でなければ強固なチーム、組織にはならない。私の言葉が「人を残す」ことに心を砕いているような人たちの指針になれば、これほどうれしいことはない。

二〇一三年五月

野村克也

イースト新書
002

監督《かんとく》の器《うつわ》

2013年6月6日　初版第1刷発行

著者
野村克也《のむらかつや》

編集・発行人
木村健一

営業
雨宮吉雄、牧千暁

発行所
株式会社
イースト・プレス
〒101-0051
東京都千代田区神田神保町2-4-7 久月神田ビル
Tel:03-5213-4700　Fax:03-5213-4701
http://www.eastpress.co.jp

装丁
木庭貴信
（オクターヴ）

本文DTP
松井和彌

印刷所
中央精版印刷株式会社

定価はカバーに表記してあります。
乱丁・落丁本がありましたらお取替えいたします。
本書の内容の一部あるいは全部を無断で複製複写（コピー）することは、
法律で認められた場合を除き、著作権および出版権の侵害になりますので、
その場合は、あらかじめ小社宛に許諾をお求めください。

©NOMURA, Katsuya 2013
PRINTED IN JAPAN
ISBN978-4-7816-5002-9